Kölner Burgenführer

KÖLN ENTDECKEN
Band 2

Kölner Burgenführer

Entdeckungsreisen mit dem Fahrrad oder Auto zu Schlössern, Burgen und Landsitzen

von Hermann Maria Wollschläger

WIENAND VERLAG KÖLN

2. Auflage 1986
Gesamtherstellung:
Druck- + Verlagshaus Wienand Köln
Karten: Christoph Pracht
Umschlag: Hermann Vogel
Gestaltung: Wienand-Team
Fotos: S. 6 Alfred Koch
S. 11, 14/15, 54/55, 64, 82 Rheinisches Bildarchiv
S. 26, 32, 42, 52 Manfred Vollmer
S. 91, 95, 97 Winfried Kralisch
alle übrigen Aufnahmen Hermann Maria Wollschläger

ISBN 3-87909-140-4

Inhalt

Oberbürgermeister Norbert Burger mit Familie beim Sonntagsausflug

Vorwort

Wer behauptet, er kenne Köln und seine nähere Umgebung wie seine Westentasche, der ist ein Aufschneider. Ein Menschenleben reicht nicht aus, Köln in all seinen Feinheiten zu erleben, zu erwandern, zu erfühlen oder zu begreifen. Und immer wieder gibt es Neues zu entdecken. Wußten Sie, daß es im Kölner Stadtgebiet eine große Anzahl von Burgen gibt? Gewiß nicht im stets republikanischen Alt-Köln, d.h. dem Gebiet, das bis zu den ersten großen Eingemeindungen im Jahre 1888 Cöln ausmachte. Anders in den seitdem hinzugekommenen Gebieten. Hier hilft das vorliegende Buch aus der Reihe „Köln entdecken“ unsere Stadt kennenzulernen. Und ich hoffe, daß auch recht viele Kölner Bürger sich für dieses Kapitel Kölner Wohn- und Siedlungsgeschichte interessieren.

Besonders begrüße ich die Anregung des Autors Hermann Maria Wollschläger, sich auf das Fahrrad zu schwingen und auf die Suche nach den alten Kölner Burgen zu gehen. So kann anschauliche Heimatkunde und Körperertüchtigung zu einer sinnvollen Freizeitbeschäftigung werden.

Ich wünsche allen Lesern dazu viel Spaß und Sonnenschein.

Norbert Burger
Oberbürgermeister der Stadt Köln

Wie erreicht man die Burgen

Der vorliegende Burgenführer führt Sie dreiunddreißigmal zu Schlössern, Burgen und Landsitzen auf dem Stadtgebiet von Köln und seiner näheren Umgebung und erklärt Ihnen die interessante Geschichte dieser Anlagen. Selbst wenn Sie Kölner sind oder die Stadt zu kennen glauben, bin ich sicher, daß Sie viel Neues entdecken werden.

Mit dem Auto...

Man erreicht die Burgen auf die bequemste und schnellste Art mit dem Auto. Der beiliegende Stadtplan informiert den Leser über die jeweils günstigste Fahrtstrecke. Er dient vor allem dem Auswärtigen und Ortsunkundigen als Suchhilfe.

...oder mit öffentlichen Verkehrsmitteln

Köln hat ein ausgedehntes öffentliches Verkehrsnetz. Wer sich allerdings in ländlichere Regionen begibt, z. B. zum Schloß Arff nach Worringen, muß seinen Ausflug zu Fuß fortsetzen, denn die prächtige Anlage liegt im freien Feld.

Am besten mit dem Fahrrad

Mit dem Fahrrad ist man wegen der vielfältigen Umwelterlebnisse den anderen Verkehrsmitteln weit überlegen. Das Stadt-Atmosphärische wirkt viel intensiver als bei der Fahrt im geschlossenen Abteil von Auto, Bus oder Bahn. Man erlebt die Stadtlandschaft mit völlig anderen Augen, und die langsamere Fahrt erlaubt ein ganz anderes Sehen und Entdecken. Der Stadtwald, die vielen Grünanlagen, die meisten reizvollen Uferwege, eine Reihe von Plätzen und Alleen sind dem Autoverkehr ohnehin verschlossen, und es wäre schade, gerade diese Strecken zu verpassen. Deshalb führt der beiliegende, vorwiegend auf den Radfahrer abgestimmte Plan auch über verkehrsarme Straßen, Gassen und Wege, durch ruhige Wohngebiete oder über Wald- und Wiesenpfade.

Auf Schusters Rappen

Für den Fußgänger gilt wie für den Radfahrer die beschauliche Gangart. Was er per pedes an Geschwindigkeit einbüßt, das gewinnt er an Entdeckungsreichtum. Mal unterwegs in einen romantischen Hinterhof ‚spingksen', Leute in ihrem Veedel erleben, mal eben Rast unter einer dicken Linde machen – das wird dem Autofahrer kaum einfallen. In den Sommermonaten empfehlen sich als Zusatzerlebnisse Rheinüberquerungen mit dem ‚Böötche' oder der Seilbahn ab Zoo und rechtsrheinisch ab Thermalbad. Wer unterwegs ermüdet oder von einem Dauerregen überrascht wird, kann immer noch Bus und Bahn nutzen.

Tips zur Rast und Freizeitgestaltung

Köln mit seinen zahlreichen Vororten bietet eine Vielfalt an gepflegter Gastronomie. Ein Gaststättenführer erübrigt sich schon deshalb an dieser Stelle. Die Touren sind so geplant, daß auch das leibliche Wohl bestimmt nicht zu kurz kommt. Per Fahrrad und zu Fuß gelangt man auf jeder Strecke über Wiesen, Grünanlagen und durch kleine Waldstücke. Wer also zünftigere Touren plant mit Picknickkorb und Liegematte, braucht nicht nach natürlichen Ruheplätzen zu suchen. Einige Wege führen auch zu gut ausgestatteten Naherholungsgebieten mit Gelegenheit zu Schwimmen, Tennisspielen oder zu einem Ballmatch. Um die Tourenplanung aber zu erleichtern, steht vor jedem Kapitel eine kurze Beschreibung zum idealen Rastplatz.

Eine Bitte an den Benutzer

Die meisten der hier beschriebenen Häuser sind noch heute im privaten Besitz und deshalb nicht zugänglich. Akzeptieren Sie deshalb den verständlichen Wunsch der Bewohner nach ihrer Privatsphäre. Auch von außen bieten die Burgen und Schlösser einen reizvollen Anblick.

Etwas zur Burgengeschichte

Wer einen Kölner nach der Existenz von Burgen auf dem Stadtgebiet fragt und dann auch noch behauptet, es gäbe in Nähe der Innenstadt sogar ein Wasserschloß (das Weißhaus), der erntet nur ungläubiges Staunen. Der gotische Dom als Mittelpunkt der Stadt, die Bewunderung und Pflege der romanischen Kirchen, das römische Köln, die großen Ereignisse der Kultur- und Museumslandschaft verdecken fast ein vergessenes Stück Geschichte. Wer weiß oder ahnt, daß die Stadt in ihren heutigen Grenzen fast 20 Schlösser, Burgen und Herrensitze beherbergt? Zieht man die angrenzenden Gemeinden Brühl, Hürth und Frechen noch hinzu, kann man diese Zahl noch einmal verdoppeln.

Das Große gotische Stadtsiegel zeigt den heiligen Petrus, thronend inmitten von Türmen und Zinnen mit Schlüssel. Es sind die Symbole der Bischofsstadt Köln. Von 1271 bis 1794 mußte das Siegel bei allen öffentlichen Urkunden gebraucht werden.

Schlösser, Burgen und Landsitze in Köln – das sind über zehn Jahrhunderte Geschichte und Architektur, Zeugen von Glanz und Elend unserer Vergangenheit. Um Verständnis für den Bau dieser Anlagen zu finden, muß man etwas von den vielfältigen historischen und politischen Gegebenheiten der jeweiligen Zeit kennen. Die meisten der in diesem Buch angeführten Häuser sind mittelalterlichen Ursprungs. Die politischen und territorialen Verhältnisse waren festgelegt durch die Herrschaftsgebiete des kurkölnischen Staates sowie der Grafschaften und späteren Herzogtümer Jülich und Berg. Eine eigenständige Macht im Wechselspiel der Kräfte spielte dabei die freie Stadt Köln. Die über Jahrhunderte andauernden kleinen und großen Auseinandersetzungen um diese Territorien und die daraus erwachsenden Besitz- und Rechtsansprüche waren die Gründe für den Burgenbau. Dicke Festungsmauern, hohe Türme und breite Wasserumwehrungen boten den adligen Herren und ihren Gefolgsleuten Schutz. Sie symbolisierten gegenseitige Machtansprüche, betonten die Grenzen oder den Mittelpunkt des jeweiligen Herrschaftsgebietes.

Die Funktion der Burg beschränkte sich aber nicht allein auf den Charakter der Wehranlage. In Friedenszeiten war sie Zentrum bäuerlicher Hofkultur. Während im Schutz der Stadtfestung von Köln Handel und Handwerk aufblühten, lebte der überwiegende Teil der mittelalterlichen Bevölkerung auf dem Lande von Ackerbau, Viehzucht, Waldarbeit, Jagd und Fischerei. Viele der erhaltenen Anlagen haben ihre bäuerliche Wirtschaftsfunktion bewahrt und sind noch immer mit Landreichtum gesegnet. Die Burg als landwirtschaftlicher Betrieb im fruchtbaren flachen Land bot im Vergleich zu den schwer zugänglichen Höhenburgen die besten Überlebenschancen.

Typisch für die Wehr- und Wirtschaftsaufgaben ist auch die Lage der Häuser: Folgt man auf der topographischen Karte dem Lauf des Duffesbaches von Hürth aus, dem Frechener Bach, dem Gleueler Bach oder auf der anderen Rheinseite dem Kurtenwaldsbach, dem Flehbach oder dem Strunderbach, erkennt man die meisten Burgen am blauen kleinen Rechteck der Wassergräben.

Im rheinischen Burgenbau finden wir eine vielfältige Architektur vor. Von der einfachen mittelalterlichen Ackerfeste über die Renaissancebauten des 13. und 14. Jahrhunderts bis zur „Maison de Plaisance“ des 18. und 19. Jahrhunderts gibt es die unterschiedlichsten, dem Zweck- und Stilempfinden der jeweiligen Zeit angepaßte Bauten. Charakteristisch für fast alle Anlagen sind die Grundrisse, die sich an der fränkischen Hofform orientieren: Zwei- oder dreiflügelige Wirtschaftsgebäude bilden die Vorburg und umschließen zusammen mit dem Wohn- und Herrenhaus, der Hauptburg, einen geschützten Innenhof. Ein Wassergraben, oft mit Teichen verbunden, zieht sich als Schutzgürtel um die Anlage. Je nach Bedeutung und Größe der Burg nimmt die ohnehin baulich hervorgehobene Hauptburg einen besonderen Platz ein. Sie liegt getrennt mit eigener Wasserumwehrung auf einer künstlich aufgeschütteten Insel. Zugbrücken aus Holz oder Steinbogenübergänge verbinden beide Teile miteinander. Mit der Erfindung des Schwarzpulvers verliert der Wehrcharakter seinen Sinn. Repräsentationsbedürfnisse und Statusdenken halten Einzug. Viele Burgfesten weichen Schloßbauten mit außergewöhnlicher Pracht. Schaufassaden nach französischen, niederländischen oder englischen Vorbildern bestimmen den Baustil des 18. und 19. Jahrhunderts. Kunstvolle Garten- und Parklandschaften umrahmen die neuen Häuser. Typisch für die Kölner Burgen ist auch das verwandte Baumaterial. Die einfachen Häuser sind mit Feldbrandstein errichtet. In der steinlosen Flachlandschaft brannte man oft an Ort und Stelle die rustikalen Ziegel. Für Fenster und Türengewände verwandte man Trachytgestein vom Drachenfels, das mühsam mit Ochsenkarren herangeschafft werden mußte. Die Geschoßdecken wurden von reich stuckiertem Balkenwerk gestützt. Bessere Häuser, vor allem die Schlösser, sind verputzt und zeichnen sich durch elegante Fassaden mit weiteren Werksteingliederungen und Stuckarbeiten aus.

Der Burgenbau muß auch mit den Besitz- und Verwaltungsstrukturen unserer Vergangenheit erklärt werden. Die Burg war der Sitz des weltlichen und geistlichen Adels. Das Lehnsverhältnis, der Feudalismus, bestimmte die Ordnung in Staat und Gesellschaft. Der König entlohnte seine Fürsten mit einträglichem Landbesitz und Rechten wie dem Richteramt, Zoll-, Münzpräge- und Schürfrechten. Die Fürsten wiederum entlohnten ihre Vasallen mit Unterlehen aus ihrer Grundherrschaft. Der Lehnsbesitz brachte aber nicht nur Einkünfte und Rechte – er verpflichtete auch zur gegenseitigen Treue, zur Entrichtung von Zinsen, zu Kriegsdiensten und zur Fronarbeit. Die Kirche spielte in dieser vielgliedrigen Kette von Schutz und Treue eine besondere Rolle.

Die Große Ansicht von Köln – ein Holzschnitt von Anton Woensam aus dem Jahre 1531 – zeigt den Kontrast zwischen ländlichem und städtischem Köln und das rege Geschäftsleben im Hafen der Stadt am Rhein.

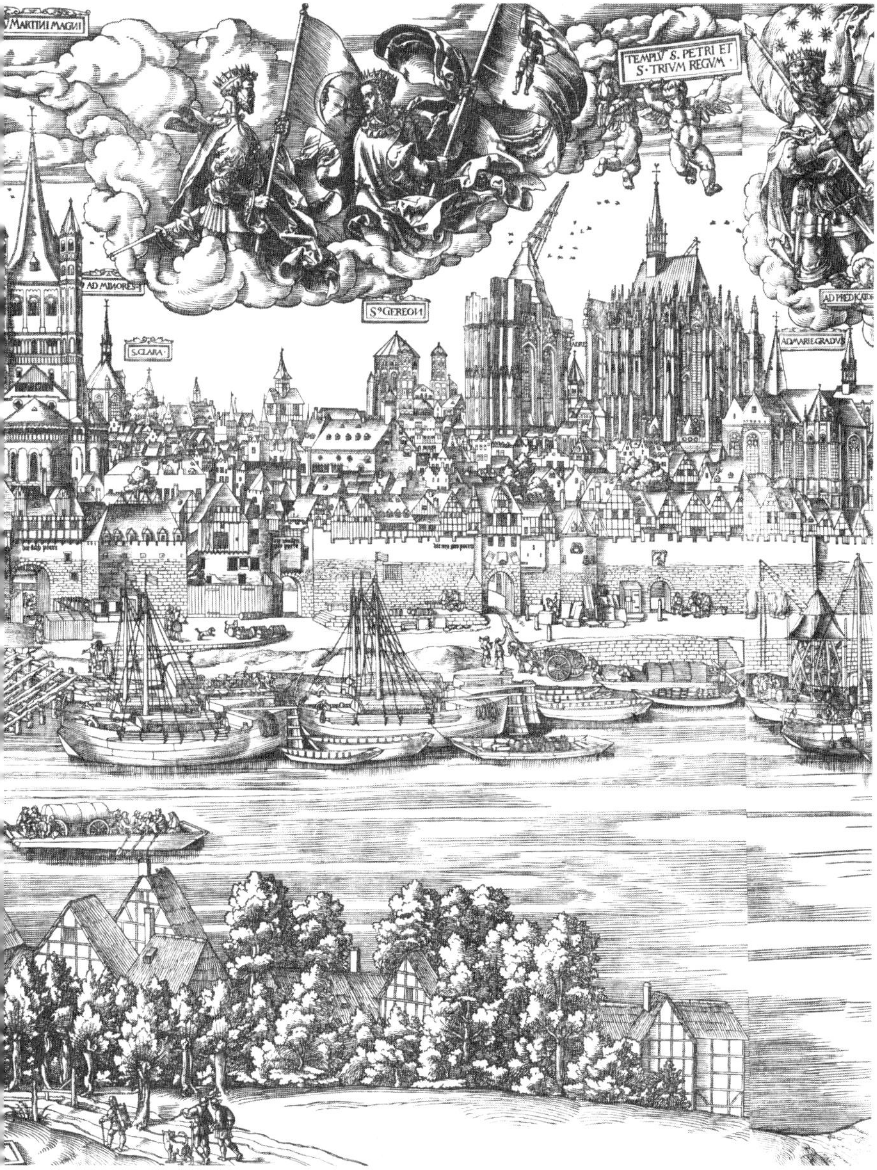
TEMPLV S. PETRI ET
S·TRIVM REGVM·
S° GEREON
AD MINORES
S.CLARA
AD MARIE GRADVS

Unter den letzten karolingischen Königen wurden die Lehen erblich. Bis dahin lag es im Ermessen des Lehnsherren, seine Verträge zu ändern oder fortzuführen. Jetzt aber mußte der Besitz auf den Erstgeborenen übergehen. So verloren die Könige mehr und mehr an Einfluß, und die staatliche Einheit begann zu wanken. Deshalb erwählten sie sich lieber Bischöfe und Äbte als Lehnsleute, denn Geistliche hatten keine leiblichen Nachfolger. Auf diese Weise gelangte die mittelalterliche Kirche zu gewaltigem Reichtum und politischem Einfluß. Eine von Frühsterblichkeit, Krankheiten und Kriegen heimgesuchte Bevölkerung sah zudem in der Heilslehre und der Hoffnung auf das Paradies nach dem Tod in der Kirche die einzige Rettung. Um sich vom Irdischen und von Sünden loszukaufen, beschenkte und vererbte sie der Geistlichkeit oft Hab und Gut, was den Kirchenbesitz zusätzlich mehrte. So verfügten rheinische Stifte, Klöster und Bischöfe über für heutige Verhältnisse unübersehbare Vermögen. Die durch Handel und Handwerk reich und selbstbewußt gewordenen Bürger Kölns, der reiche Stadtadel, die Herzöge und Grafen rund um Köln und die mächtige Geistlichkeit, lieferten sich manche Streitigkeiten. Die berühmte Schlacht der Kölner Bürger im Jahre 1288 bei Worringen gegen Erzbischof Siegfried von Westerburg ist nur eine von vielen großen und kleinen Fehden. Der geistliche Fürst wurde damals entscheidend geschlagen. Köln erhielt seinen Status als Freie Stadt, und fortan mußten alle Bischöfe außerhalb der Stadt residieren. Sie behielten lediglich das höchste Richteramt in Köln. Das ist ein Grund dafür, Brühl in die Kölner Burgengeschichte miteinzubeziehen. Auch die Frechener und Hürther Anlagen müssen erwähnt werden, denn auch sie spielen ihre Rolle in der kurkölnischen Szene. Beide Orte stellten auch Bürgermeister und Landräte für die Stadt Köln.

Betrachtet man abschließend den baulichen Zustand der im folgenden beschriebenen Burgen, so ergibt sich ein sehr unterschiedliches Bild. Während die linksrheinischen Gebäude gut erhalten und gepflegt sind, fristen die Häuser auf der rechten Rheinseite ein oft trauriges Dasein. Es bleibt zu hoffen, daß die öffentlichen Etatmittel, die Privatinitiative der Bürger und die erwachende Wiederbesinnung auf Erhaltung alter Bausubstanz ausreichen, die wertvollen Zeugen unserer gemeinsamen Vergangenheit vor dem Verfall zu retten.

Tourenvorschlag

1

Vom Dom zu den Rittern von Zündorf und Wahn

Fahrtstrecke:
Landschaftlich sehr schöne Strecke ohne Verkehrsbehinderung. Von der Domplatte aus geht's zunächst linksrheinisch, am Rheinufer vorbei, über die Südbrücke, dann rechts über die Poller Wiesen, durch die Schrebergärten in Porz-Westhoven, weiter am Leinpfad flußaufwärts bis nach Zündorf, zum *Turmhof*, anschließend über asphaltierte Feldwege zum *Schloß Wahn*.

Tourenlänge: ca. 35 km hin und zurück

Tip zur Rast
Poller Wiesen: Das Rheinufer mit seinen ausgedehnten Wiesen bietet reichhaltig Platz zur Rast und Beschaulichkeit. Auf dem Hin- und Rückweg kann man hier gemütlich seine Wegzehrung einnehmen und die vorbeituckernden Schiffe beobachten.

Zündorfer Groov: Der Turmhof in Zündorf beherbergt eine gemütliche Gaststätte und im Sommer läßt man sich zum Kaffee auf der Terrasse nieder. Ein idealer Rastplatz ist auch die breite Liegewiese auf der alten Halbinsel der Groov. Tennisplatz und Minigolfanlage erhöhen zusätzlich den Reiz des Ausfluges.

Der Turmhof

Schon von weitem erkennt man das Wahrzeichen Zündorfs, den Turmhof. Er ist beispielhaft für die Bauweise frühmittelalterlicher Rittersitze, deren Herren der Turm als Wohnhaus, Fluchtburg und Wehranlage diente. Von dem über zwanzig Meter hohen, quadratisch angelegten Bau konnte man gut die Rheinniederung und die Wasserstraße überblicken und den herannahenden Feind rechtzeitig ausmachen. Die bis zu 1,25 Meter dicken Wände aus Kopfbasalt boten ein unüberwindliches Hindernis für jeden Eindringling. Mauerreste an der Turmspitze lassen eine ehemalige Zinnenkrönung erkennen, hinter der vermutlich auch mal ein Wehrgang war. Typisch für den Wehr- und Schutzcharakter des Gebäudes sind auch die kleinen Fenster und die zahlreichen Schießscharten. Der Eingang, heute zugemauert, befand sich nicht im Erdgeschoß, sondern lag, über eine Holzleiter erreichbar, im dritten der insgesamt fünf Stockwerke. Er war gut geschützt zur Innenseite der ehemals geschlossenen Hofanlage gerichtet. Später zogen die Ritter, wie in vielen vergleichbaren Anlagen, in ein Wohnhaus im Bereich der Wirtschaftsgebäude, um der Enge und Dunkelheit des Turmes zu entgehen. Die Baugeschichte reicht bis ins 12. Jahrhundert zurück. Zu dieser Zeit lebten hier als Vasallen der Kölner Bischöfe Ritter wie Richwien I. im Jahr 1167. Erste Urkunden über den Hof gibt es erst 1380. Ritter Ludwig von Zündorf, ein Lehnsmann der Abtei Deutz, überschreibt einen Anteil aus seinem Besitz an seine zweite Ehefrau Aylken van Broicke.

Der Turm muß auch im Zusammenhang mit dem im Jahre 1250 von Erzbischof Konradt von Hochstaden bestätigten Stapelrecht genannt werden. Handelsschiffe durften damals Kölner Gebiet nicht einfach passieren. Die Waren mußten im Hafen gelöscht und dem Handel in Köln angeboten werden. Vielfach versuchte man, diese Schranken zu umgehen, indem man die Güter in Zündorf löschte, auf dem Landweg bis Mülheim transportierte und sie dann wieder aufs Schiff verlud. Die Bezeichnung Zollturm stammt vermutlich aus dem 15. Jahrhundert, als die Herzöge von Berg mit der Erhebung eines Rheinzolls begannen.

In späteren Jahren erlebte der Turmhof, zu dem auch entsprechende Ländereien gehört haben müssen, mehrere Teilungen und wurde von verschiedenen Familien bewohnt. Als Lehnsmann des Herzogs Wilhelm von Berg verwaltete Heinrich von

Der Turmhof in Zündorf – frühmittelalterlicher Rittersitz, heute Dependance des Kölnischen Stadtmuseums.

Rast an der Groov

Der Marktplatz in der Zündorfer Groov war zur Zeit der mittelalterlichen Handelsschiffahrt ein wichtiger Umschlagplatz.

Zündorf 1394 bis 1403 die Zündorfer Geschicke. Auf die Ritter von Zündorf folgte durch Heirat die Familie der Reichsherren und späteren Reichsgrafen von Metternich. Ein Wappen am Wohnhaus bezeugt, daß die Erbauer des heutigen Herrenhauses und des vorgelagerten Wirtschaftsgebäudes Johann Ignaz von Metternich und seine Frau Franziska von der Asseburg waren.

Der Turm ist heute eine Dependance des Kölnischen Stadtmuseums und beherbergt eine wertvolle Sammlung von Schriften, alten Karten, Schiffsmodellen und Gegenständen des täglichen Gebrauchs aus dem Mittelalter. Er ist ein besonderes Ausflugsziel für alle Tabakfreunde, die hier die vollständige Sammlung aller mit dem ‚blauen Dunst' zusammenhängenden Objekte besichtigen können. Im Wohnhaus ist ein Gastronomiebetrieb untergebracht. Im Sommer kann man gemütlich im Freien sitzen und in die „Groov" blicken, die reizvolle Rheinhalbinsel mit alten Bäumen, Teichen und dem natürlichen Hafen. Der Marktplatz von Zündorf, der sich direkt dem Hafen anschließt, war früher gleichzeitig der Umschlagplatz angelieferter Waren. Fisch und vor allem der Handel mit Wein brachten neben den Geschäften durch die Umgehung des Stapels so manchem Kaufmann ein Vermögen ein.

Schloß Wahn

Unter den dichten Baumkronen der alten Alleebäume am westlichen Ortsrand von Wahn führt der Weg über eine gemauerte Steinbrücke zum Eingang von Schloß Wahn. Hohes Gras, Gestrüpp und Holunder überwuchern den ausgetrockneten Wassergraben, die Teiche und den ehemals gepflegten Landschaftsgarten, der im Dornröschenschlaf zu liegen scheint. Hinter dem übergiebelten Portal, das als Mauerdurchbruch durch den Wirtschaftstrakt führt, liegt der Innenhof des Schlosses. Es zählt mit den Schlössern Augustusburg, Falkenlust, Arff und früher Stammheim in die Reihe der Prachtbauten des 18. Jahrhunderts. Wahn hat wie andere Schlösser des Rheinlandes auch Hof und Burg als Vorgängerbauten.

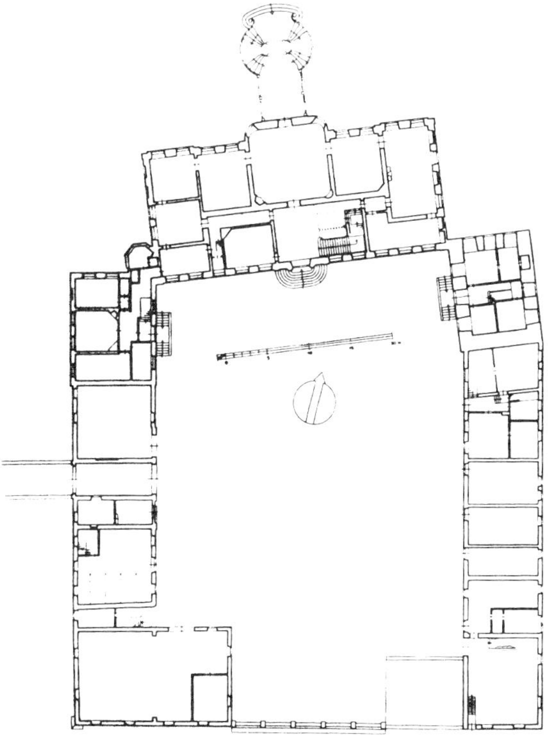

Schloß Wahn – Der Grundriß des Erdgeschosses zeigt die architektonische Verwandtschaft mit den kurfürstlichen Bauten in Brühl. Quelle: Sammlung Duncker

Schloß Wahn – malerischer Blick aus dem Innenhof durch den Tordurchbruch.

Bereits 1178 wird ein Heinricus de Wanda erwähnt, der in Wahn seinen Sitz hatte. Eine Stiftsurkunde weist 1359 auf den Burgbesitzer Johann von Revelen. Spätere Nachfolger sind die Ritter von Loë aus Hoffnungsthal im 15. und David von Zweiffel im 16. Jahrhundert. Um 1580 fällt die Burg bis auf den Turm, dessen Überreste in den jetzigen Bau integriert sind, einer Brandschatzung zum Opfer. Wilhelm von Zweiffel hatte im 17. Jahrhundert in die im Kölner Raum weit verzweigte Familie Schall von Bell eingeheiratet. Nach seinem Tode im Jahr 1656 geht der Besitz an die Familie seiner Frau.

Ferdinand Graf von Schall zu Bell ließ um 1750 das Schloß nach Plänen des Mülheimer Architekten Johann Georg Leydel bauen. Das Herrenhaus wurde zweigeschossig mit drei Flügeln errichtet. Der Hauptflügel mit elf Fensterachsen trägt ein mächtiges Mansarddach. Bei den über Eck verbundenen Seitenflügeln ist das Dach etwas niedriger gehalten. Die eingeschossigen, einfachen Wirtschaftsgebäude schließen sich an das Herrenhaus zu beiden Seiten an. Am Ende sind zwei Pavillonbauten aus dem 20. Jahrhundert angefügt. Durch einen vierten Flügel war der Innenhof ursprünglich abgeschlossen. Als ältester Teil der Anlage gilt der Nordostteil des Herrenhauses aus dem 15. bis 16. Jahrhundert, der im Gegensatz zu den übrigen Ziegelbauten in Bruchstein gehalten ist. In ihm vermutet man auch den Turmbau, der vom Brand im 16. Jahrhundert verschont blieb. Neben der Schaufassade auf der Hofseite mit dem prächtigen rundbogigen Portal ist die Gartenansicht von besonderer Schönheit. Der Mittelteil wird durch einen stark ausgebildeten Risalit betont. Eine doppelläufige ovale Freitreppe im neobarocken Stil führt zum Garten. Kostbare Wandbespannungen, Schnitzarbeiten und Stukkaturen gehören zur Innenausstattung des Herrenhauses. An den Wänden der großzügigen Innenräume hängen auch zahlreiche Gemälde flämischer Landschaftsmaler des 18. Jahrhunderts.

Die Familie Schall von Bell trennte sich 1785 von ihrem Besitz und zog nach Sachsen. Käufer war Theodor Josef von Heereman zu Zuydtwyck. Er erwarb die Anlage für 85 000 Taler. Seine Tochter heiratete den Freiherrn Eltz zu Rübenach. Seit 1820 ist das Schloß im Besitz dieser Familie. Die Räume werden heute vom Theaterwissenschaftlichen Institut der Universität Köln genutzt.

Schloß Wahn – Schaufassade im Innenhof.

Der Theaterwissenschaftler Carl Niessen hatte in den dreißiger Jahren in Köln in einem ehemaligen Hotel ein Museum gegründet. Luftangriffe zerstörten 1942 die Gebäude am Sachsenring. Vieles aus den reichhaltigen Beständen konnte jedoch gerettet werden und fand 1955 im Schloß Wahn eine neue provisorische Bleibe. Durch Aufkauf der Privatsammlung Niessen ergänzte die Kölner Universität im Jahre 1959 den Bestand. Die wertvolle Sammlung von Requisiten und Bühnenbildern, zu der Werke bedeutender Künstler wie Baumeister, Kandinsky und Schlemmer gehören, gibt einen umfangreichen Einblick in die Theatergeschichte. Es bleibt bedauerlich, daß diese einzigartigen Bestände unter den gegebenen räumlichen Verhältnissen nur für Studium und Forschung zugänglich sind.

Wildpark

Tourenvorschlag

2

Zum Wildpark von Burg Leidenhausen

Fahrtstrecke:
Der Weg führt vom Dom aus über die Deutzer Brücker, durch Deutz auf verkehrsarmen Straßen, durch das Gremberger Wäldchen, über den Alten Deutzer Postweg zur *Burg Rath,* zum *Schloß Röttgen* und dann über den Mauspfad, entlang des Königsforstes, zum Wildgehege von *Burg Leidenhausen.*

Tourenlänge: ca. 32 km hin und zurück

Tips zur Rast
Das Gremberger Wäldchen: Ideal zum Rasten unter schattigen alten Buchen und Birken, im Frühjahr besonders reizvoll, wenn die wilden Anemonen blühen.

Gut Leidenhausen: Große Spiel- und Liegewiesen. Die Greifvogelschutzstation und der Wildpark sind gerade für Familien mit Kindern ein lohnendes Ziel.

Burg Rath

Der Name Rath stammt von dem Wort ‚Roden' ab. In früheren Zeiten bedeckte ein riesiges Waldgebiet die heutige Fläche von Rath. Um hier zu siedeln und Ackerbau zu betreiben, mußte das Gebiet erst gerodet, d. h. urbar gemacht werden. So wird auch in einer der ersten bekannten Urkunden über die Burg Rath ein Ritter Ludwig von Rode genannt, der im Jahre 1354 sein Anwesen dem Herrenstrundener Johanniterorden schenkte.

Die heute bestehende Burg geht in ihrem Ursprung auf das frühe 16. Jahrhundert zurück. Der Teich hinter der Kapelle an der Stadt sowie Geländevertiefungen deuten auf die ehemalige Wasserumwehrung hin. Damaliger Burgherr war ein Ritter von Gebhardshain, der auch Wilhelm von Lützerode genannt wurde. Seine Vorgänger werden in einem befestigten Hof gelebt haben. Das Rittergeschlecht behielt die Anlage über vier Jahrhunderte. Erst im Jahre 1820 wechselte der Besitz an die Familie des Freiherrn von Geyr, dessen Schwester auch das nahegelegene Schloß Röttgen besaß. Er setzte 1824 das Herrenhaus instand. Um 1870 zerstörte ein verheerender Brand die Hauptburg, die bis heute Ruine blieb. Kurze Zeit später verkaufte der Freiherr seine Anlage an die Kölner Familie von Mevissen. Gustav von Mevissen

Burg Rath – Die achteckige barocke Burgkapelle von 1741 blieb als Wahrzeichen der alten Burg bestehen.

genoß in seiner Funktion als Bauherr, Industrieller, Handelskammerpräsident und Mäzen hohes Ansehen. Aus einem Zweig der Familie stammt auch der jetzige Eigentümer von Stein.

Die Burggebäude, vor allem die Flügel des Wirtschaftstrakts, die einen breiten Hof hinter dem Rundbogentor bilden, dienen heute der Pferdehaltung. Reitfreunde haben hier ihre Pferde in den Stallungen untergestellt. Bedauerlich bleibt, wie auch bei anderen Anlagen, daß die Gebäude insgesamt in schlechtem Zustand sind. Der natürliche Farbton des Backsteinbaus verliert sich unter einem schmutzigen Weiß der geschlämmten Wände. Nur Mauerreste erinnern an das einst stolze zweiflügelige Herrenhaus mit einem dreigeschossigen Eckturm. Einziges Schmuckstück bleibt die achteckige Barockkapelle von 1741 mit dem hohen Mansarddach. Sie war den Herren von Lützerode als Hauskapelle und zum Erbbegräbnis bestimmt.

Schloß Röttgen

Eine gut zwei Meter hohe und elf Kilometer lange Mauer umschließt eine ausgedehnte Wald- und Parklandschaft mitten in den dichtbesiedelten Stadtteilen Rath, Heumar und Eil. Der hermetisch abgeriegelte Bezirk ist im Besitz der Familie Mülhens, deren Bekanntheitsgrad mit dem berühmten Duftwasser aus der Kölner Glockengasse in Verbindung steht. Dem Burgenwanderer bleibt zwar ein Spaziergang im Park verwehrt, jedoch steht die Geschichte des Anwesens, dessen Mittelpunkt Schloß Röttgen ist, für jedermann offen.

Die Anlage war ursprünglich ein befestigter Hof in ausgedehnten Sumpf- und Moorgebieten, sog. Maaren, gelegen. Hieraus erklären sich auch die Ortsnamen Heumar und Maarhausen. Wer sich eine topographische Karte von Köln ansieht, entdeckt die breite Senke eines Rheinarmes, der sich einst an Troisdorf, Wahn, Heumar, Rath und Merheim vorbei bis zur Wuppermündung zog. Er hinterließ eine Bruchlandschaft mit Wald und Tümpeln, in denen sich eine reiche Fauna und Flora entwickelte. Der Name ‚Röttgen' entstand, ähnlich dem Ortsnamen Rath, aus dem Wort ‚Roden'. Der Königsforst, zu dem auch der Schloßpark hinzugerechnet werden muß, legt diese Erklärung nahe.

Schloß Röttgen – kunstvoll geschmiedetes Gartentor im weitläufigen Schloßpark. ▷

Röttgen gehört vielleicht zu den ersten Burgengründungen der fränkischen Könige im Kölner Raum, die sich am Mauspfad, dem alten Heerweg, eine Befestigunganlage erbauten. Andere Forscher ordnen die Burgengründung erst im 14. Jahrhundert der Familie des Kreuwel von Gimborn, einem Lehnsmann des Herzogs von Berg, zu. Aus einer späteren Lehnsurkunde von 1402 erfahren wir, daß der Landesherr seinen Vasallen Kreuwel für treuen Kriegsdienst mit dem „Hoff zome Roetgine“ belohnt und sich selbst ein ‚Offenhausrecht‘ einräumt. Für die Gewähr des Hofes mußte der Untergebene die Verpflichtung übernehmen, seinem Herrn jederzeit im Kriegsfalle Schutz und Unterkunft zu leisten. Wir erkennen darin ein typisches Beispiel der Rechte und Pflichten, die das mittelalterliche Lehnsverhältnis kennzeichnet.

1434, nach dem Tode der Eheleute von Gimborn, heiratete deren Tochter Adelheid Dietrich von Bourscheidt. Er stammte aus dem gleichnamigen Ort an der luxemburgischen Sauer, einem kleinen Nebenfluß der Mosel. Von Bourscheidt vereinigte durch die Heirat mit Adelheid ein stattliches Vermögen, zu dem zahlreiche Ländereien in Kurköln, Jülich, Luxemburg und Berg gehörten. Deren einzige Tochter heiratete später in die Familie von Nesselrode ein. Da die Ehe jedoch kinderlos blieb, ging der

Gestüt Röttgen

Besitz im Jahre 1502 wieder auf die von Bourscheidts über – so hatte es der Heiratsvertrag vorgesehen. Um welche Reichtümer es sich neben der Burg handelte, geht aus diesem Vertrag hervor. Riesige Ländereien, Höfe, Mühlen, Zehntrechte und natürlich viel Geld fielen an die von Bourscheidts zurück. 1532, nach dem Tode Dietrich von Bourscheidt d. Jüngeren, erbte die Familie des jülischen Erbhofmeisters von Harff den Besitz von Röttgen. Die von Harff hatten ihren Stammsitz, der heute dem Braunkohlentagebau zum Opfer fiel, in der Nähe von Bedburg-Kaster. Als Wilhelm von Harff 1660 starb, entbrannte ein jahrelanger Erbstreit, bei dem auch viel Blut floß. In einem Vergleich von 1672 bekam der Freiherr und Domherr Beissel von Gymnich die Rechte an Röttgen zugesprochen. 1708, nach dem Tode des Domherren, verkaufte sein erbberechtigter Bruder, der kein Interesse mehr an Röttgen zeigte, den Besitz dem Kölner Maler Johannes Justus Borchers. Es blieb ein Rätsel in der Geschichte, wie der Bürgerliche, dessen Namen in keinem Künstlerverzeichnis steht und der keine Zeugnisse seiner Kunst der Nachwelt hinterließ, sich das ansehnliche Vermögen leisten und es unterhalten konnte. In jahrelangem Rechtsstreit anderer neidischer Beisselerben wurde ihnen das Leben auf Röttgen schwer ge-

Schloß Röttgen in Heumar

macht. Auch seine adligen Nachbarn waren ihm nicht zugetan und befehdeten sich mit ihm wegen Jagdrechten. Seine Tochter Agnes beerbte ihn nach seinem Tod um 1730 und brachte das Vermögen in ihre Ehe mit dem dänischen Freiherrn von Kaas ein, dessen Vater in Diensten des Kurfürsten von Köln stand. Nach dem Tode des Vaters trat auch er in die Dienste des Kölners ein, wurde Hoftruchseß des Herzogs von Bayern, 1723 Amtmann von Köln und Deutz, 1742 Geheimer Rat des Kurfürsten Clemens August in Bonn. 1768 verstarb der inzwischen verwitwete Freiherr. Seine Kinder verkauften 1774 den Besitz an Friedrich Rappard und seine Frau Helene von Weiler, die vorher in Haus Herl ansässig waren. Rappard stammte aus einer preußischen Beamtenfamilie. Der Vater diente als Geheimer Rat dem König von Preußen. Rappard besaß mit Haus Herl auch eine Porzellanfabrik. Im Gegensatz zu vielen seiner Vorgänger, die Röttgen nur an Halfe (mittelalterl. Bez. für Pächter) verpachteten, bewohnte er auch sein Gut. Seine Kinder trennten sich von ihrem Erbe 1790 durch Versteigerung. Den Zuschlag für die Burg erhielt der kurkölnische Generaleinnehmer Freiherr Geyr von Schweppenburg. Auch er besaß ein ansehnliches Vermögen. Zu Landsitzen an der Erft und Hausbesitz in Köln kam nun auch Röttgen. Er sollte nicht lange Freude daran haben, denn die französische Revolution warf auch bald auf Köln ihre Schatten. Die Heere der Österreicher und Preußen, die 1792 das rechte Rheinufer gegen die Franzosen besetzten, schlugen wahllos wertvollen Baumbestand zu Brennholz, plünderten Fischteiche und schleppten Schränke, Betten und Geschirr vom Hof weg. Zusätzlich raffte eine Seuche das Vieh hin. Er selbst mußte eine lange Flucht antreten, um die Landeskasse in Sicherheit zu bringen. Trotz aller Wirren der Kriegsjahre und mehrfacher Erbteilung blieb der Besitz in Händen der Familie Geyr von Schweppenburg bis in unser Jahrhundert. Ab 1909 wohnte sie dann in Bonn. Als Pächter bestimmte sie Peter Mülhens, der 1918 den Besitz erwarb.

Mülhens war Fabrikantensohn in der vierten Generation. Er besaß die 1792 gegründete Kölnisch-Wasser-Fabrik 4711 in Köln und war so in der Lage, den großen Besitz zu erwerben. Er war auch der Gründer des jetzt weltberühmten Gestüts, das seine Tochter Maria heute fortführt. 1945 wurde Röttgen von britischen Soldaten besetzt. Die Familie Mülhens mußte das Schloß verlassen. Während der Besatzungszeit nahmen britische Generalgouverneure ihren Sitz auf Röttgen. In den Geburtsjahren der

Bundesrepublik kam es hier zu manchen bedeutenden Konferenzen. Viele Politiker, darunter Konrad Adenauer und Karl Arnold sowie die hohen Militärkommissare Frankreichs, Englands, der USA und viele andere, nutzten die vom Krieg weitgehend verschonten und durch den Park von der Öffentlichkeit abgeschirmten Räume zu Verhandlungen. Prominenz aus Politik und Kunst gibt sich auch heute noch ein Stelldichein auf Röttgen.

Die Baugeschichte von Röttgen ist nur schwer geschichtlich zu verfolgen. Es gilt als sicher, daß, wie bei anderen Burgen Kölns, ein Hof als Vorgängerbau diente. Eine Katasterzeichnung von 1825 von Heumar zeigt das Hufeisen der Wirtschaftsgebäude, das von einem breiten Wassergraben umgeben ist. Ein Herrenhaus ist dagegen nicht abgebildet. Da nicht alle Besitzer den Hof bewohnten, sondern nur ihre Pächter eingesetzt hatten, ist zu vermuten, daß es irgendwann abgerissen wurde. Eine Kohlezeichnung von 1860 bestätigt die Hofform. Die Gebäude sind zweigeschossig und tragen Walmdächer. Die Flurkarte von 1866 zeigt dann den Neubau, das vom Freiherrn Franz von Geyr erbaute Herrenhaus. Er ließ einen gotischen Ziegelbau mit reicher Ornamentik, Konsolen und Grinköpfen errichten. Die Innenausstattung des Schloßbaues geriet ebenso prächtig durch zahlreiche Gemälde, Louis XVI.-Möbel und kostbares Porzellan. Geblieben ist aus dieser Zeit im Wesentlichen nur der Schloßbau mit breiter Terrasse und der angegliederten Kapelle. Alle übrigen Gebäude, vor allem die Gestütsgebäude in der Parklandschaft und die zum Teil feudalen Eingangsbauten zum Anwesen, sind aus neuerer Zeit. Besonders eindrucksvoll ist der nach englischem Muster angelegte Landschaftspark mit wertvollem altem Baumbestand und einer durch die hohen Mauern geschützten Tierwelt.

Haus Leidenhausen

Haus Leidenhausen, am Rande der Wahner Heide, gehört zu den kleineren Schmuckstücken der Kölner Burgengeschichte. Die heutige Hofanlage, eingebettet in die Liegewiesen eines Erholungsparks, stammt aus der Mitte des 18. Jahrhunderts und wurde 1803 fast gänzlich renoviert. Zu diesem Zeitpunkt entstand auch das einfache Herrenhaus aus Ziegelmauerwerk. Die Wassergräben, die sich einst um die Gebäude zogen, sind längst verschüttet. Sie erinnern an den einstigen Rittersitz, der 1329 im

Haus Leidenhäusen – kleiner Rittersitz aus dem 14. Jahrhundert, am Rande der Wahner Heide.

Besitz eines Hermann von Deutz urkundlich erwähnt wird. 1443 erhält Leidenhausen seinen Namen von dem gleichnamigen Rittergeschlecht. Etwa um 1550 ist Peter von Bellinghausen im Besitz der Anlage. Durch Heirat seiner Enkelin geht Leidenhausen zu Beginn des 17. Jahrhunderts an Georg von Hatzfeld über. Spätere Nachfolger sind ab 1674 die Freiherren Weichs zu Rösberg, die bis 1836 auf Leidenhausen lebten. Dann erwarb die Familie von Geyr zu Rath, deren Burg Röttgen nur einen Katzensprung entfernt lag, den kleinen Landsitz. Schon ein Jahr später, 1837, verkaufte sie ihre Neuerwerbung an den Freiherrn Johann Wilhelm von Mirbach zu Harff.

Haus Leidenhausen, heute im Besitz der Stadt Köln und verwaltet vom städtischen Forstamt, ging zwar nicht in die große Geschichte ein. Als Landsitz ist die Anlage aber früher wie heute schon durch seine Lage nicht ohne malerischen Reiz. Neben dem herrschaftlichen Torhaus mit Glockenturm und schmiedeeiserner Wetterfahne lädt ein kleines Freigehege zur Beobachtung heimischer Sing- und Greifvögel ein. Neben seltenen Steinadlern, Uhus und Bussarden gibt es auf der gegenüberliegenden Weide Wildschweine und Damwild zu sehen.

Tourenvorschlag

3

Zu den Bachgreven am Strunderbach

Fahrtstrecke:
Von der Innenstadt aus fahren wir rheinabwärts über die Mülheimer Brücke. Ruhige begrünte Wohnstraßen führen zu den saftigen Wiesen am Strunderbach zur *Burg Herl.* Vorbei an der *Herler Mühle* radeln wir zum *Haus Schlagbaum.* Wir folgen dem Strunderbach zur *Isenburg,* zum *Haus Iddelsfeld* mit der *Iddelsfelder Wassermühle* und zum *Haus Thurn.* Auf dem Rückweg geht's zum *Haus Mielenforst.*

Tourenlänge: ca. 28 km hin und zurück

Tips zur Rast
Am *Strunderbach* finden sich zahlreiche sonnige und schattige Plätze mit Ruhebänken für eine gemütliche Rast. Dafür eignet sich ganz besonders die Wiesenlandschaft am Mielenforst.

Haus Herl

Haus Herl, am südöstlichen Ortsausgang von Mülheim, liegt idyllisch, am Rande der Strunderbachwiesen. Nur der verkehrsreiche Buchheimer Ring stört etwas die Beschaulichkeit der Anlage. Im rechtsrheinischen Stadtgebiet Kölns gilt die Wasserburg als der älteste Rittersitz. Seine Geschichte reicht bis ins 9. Jahrhundert, als die Franken hier einen Königshof unterhielten und von dort aus eine „Honschaft", einen frühmittelalterlichen Verwaltungsbezirk des Deutzgaues, regierten. Der Name Herl bezieht sich auf das Rittergeschlecht, das 1320 mit Heinrich von Herl erstmals urkundlich erwähnt wird. Stadtarchiv und Gerichtsakten weisen in den Jahren danach zahlreiche aufeinanderfolgende Burgherren aus. Namen wie die von Menden (1381), Gerhard von Loe (1450), von Plettenberg (1486), von Quad (1524), Schenk von Nideggen (1548), Stael von Holstein (1601), von Nagel (1651) und von Mering (1760) sagen eher dem Historiker etwas. Uns beweisen sie lediglich, daß Burgen und Landbesitz wie heute gehandelt wurden, der Spekulation dienten oder durch Heirat und Erbe den Besitzer wechselten.

Mit Friedrich Rappard und seiner Frau Helene von Weiler bezog 1764 die letzte Adelsfamilie die Burg. Rappard war Geheimer Rat des preußischen Königs und Inhaber einer Porzellanfabrik. Genau zehn Jahre später verkaufte er seinen Landsitz nebst Betrieb an den Kölner Kunsthändler Hoffmann. Heute sind Haupt- und Vorburg bewohnt und landwirtschaftlich genutzt.

Zum Buchheimer Ring gerichtet liegt das Herrenhaus mit dem mächtigen Walmdach aus dem Jahre 1651. Es entstand im Auftrag des Ritters Mathias von Nagel. Ein dicker quadratischer Eckturm auf der Südwestseite überragt um ein Stockwerk die zwei Wohngeschosse. Das Pendant dazu, nur eingeschossig, befindet sich zinnenbekrönt auf der gegenüberliegenden Hausecke zur Straße hin. Der nach Norden gerichtete Wirtschaftshof wurde im 19. Jahrhundert umgebaut. Am Rande des Parks, kurz vor dem freien Feld, liegt die kleine, mit hübschem Dachreiter verzierte Burgkapelle. Das barocke Kirchlein ist dem Heiligen Nepomuk geweiht. Es entstand zusammen mit der Parkanlage im 18. Jahrhundert. Kapellen finden wir an vielen mittelalterlichen Höfen und Burgen des Rheinlands. Sie waren Zufluchtsstätten, Gebetsort und äußeres Zeichen der Frömmigkeit. Unweit von der Wasserburg, auf der anderen Seite des Buchheimer

Haus Herl – ältester Rittersitz im rechtsrheinischen Köln, am Buchheimer Ring. Seine Geschichte reicht bis ins 9. Jahrhundert.

Herler Mühle – eine geschlossene, typisch bergische Fachwerkhofanlage, diente vielen Generationen von Burgherren als Öl- und Mahlmühle. Sie verfügt noch heute über ein intaktes Wasserrad.

Rings, liegt am Strunderbach die Herler Mühle. Sie gehörte bereits im fränkischen Zeitalter zum Königshof. Die geschlossene, im typisch bergischen Stil errichtete Fachwerkhofanlage, die teilweise verschiefert ist, diente lange Jahre als Öl- und Mahlmühle. Gegen Ende des 17. Jahrhunderts wurde sie eigenständiger Besitz. Das alte Holzschaufelrad ist noch an der Bachseite erhalten. Die großen Mühlsteine, die jetzt vor dem malerischen Innenhof ausgestellt sind, dienen aber nur noch der Zierde. Die Gebäude werden heute von einem Bauingenieur und seiner Familie zu Wohn- und Bürozwecken genutzt.

Haus Schlagbaum

Dicht am Autobahnkreuz Köln-Ost, dem Schnittpunkt der ruhelosen Verkehrsstraßen, die Köln mit dem Bergischen Land und dem Ruhrgebiet verbinden, liegt, hinter einer hohen Schallschluckwand verdeckt, Haus Schlagbaum. Die kleine, ehemalige Wasserburg zählt zu den zahlreichen mittelalterlichen Rittersitzen, die entlang des Strunderbaches gebaut wurden. Die Geschichte des kleinen Hauses scheint in Vergessenheit geraten zu sein, denn nähere Angaben und Daten über Besitzer und Ereig-

Haus Schlagbaum – ehemalige kleine Wasserburg, deren Geschichte in Vergessenheit geraten ist.

nisse fehlen fast gänzlich. Trotzdem sollte der interessierte Kunstwanderer auch dieses kleine Anwesen in Augenschein nehmen. Sein ländlicher Charme, so nahe am innerstädtischen Bereich gelegen, ist schon Grund genug für einen Sonntagsspaziergang. Ältester, noch erhaltener Teil der weiß geschlämmten Backsteinmauern ist der Gebäudeflügel mit dem quer über Eck gestellten viereckigen Turm. Er stammt aus dem 16. Jahrhundert. Die Hauswand ist durch den alten Torweg durchbrochen. Eine kurze, angedeutete Brücke zum Torbogen und die Spuren einer älteren Zugbrücke, die noch deutlich im Mauerwerk zu erkennen ist, weisen auf den ehemals vorhandenen Wassergraben hin, der die Anlage umgab.

Die Senken sind, wahrscheinlich um Land zu gewinnen, längst verschüttet. In rechteckigen Blenden über dem Tordurchbruch und über dem rechten Seiteneingang sehen wir Reliefs, die Adam und Eva mit Fruchtgebilden zeigen. Aus dem Innenhof heraus öffnet sich ein kleiner Garten, der früher sicher weitläufig auch die Gebäude umgab. Die Anlage dient heute ausschließlich Wohnzwecken.

Haus Isenburg

Eine stolze Allee in den Burgwiesen der Bensberger Straße in Holweide, führt uns direkt auf die Isenburg zu. Aus dem dichten Baum- und Buschwerk ragt, schon von weitem erkennbar, die geschieferte, birnenförmige Dachhaube des Wehrturms heraus. Am Wassergraben entlang führt der Weg zum zweigeschossigen Pächterhaus. Hinter dem Tordurchbruch öffnet sich ein vom Hufeisen der Vorburg begrenzter Innenhof. In der Mitte traditionell die Mistgrube, dahinter die eingeschossigen Stallungen. Vom Innenhof führt wieder ein Tordurchbruch auf die eigene Insel der Hauptburg, die durch das doppelte Grabensystem und früher zusätzlich durch eine Zugbrücke geschützt war. Das dreistöckige Herrenhaus hat trotz der Patina der Umwelteinflüsse seinen besonderen Reiz nicht verloren. Die Fenster haben Trachytsteinfassungen und werden zusätzlich durch Simse betont. An den verputzten Bau lehnt sich der dicke quadratische Turm aus Ziegelmauerwerk an. Er hatte ursprünglich nur Sehschlitze statt der später aufgebrochenen Fensteröffnungen.

Die Geschichte des Anwesens ist weit mehr bekannt als die Daten der kleineren Häuser am Strunderbach. Das liegt sicher

Die Isenburg – urkundlich erstmals 1364 erwähnt, prägt den ländlichen Charakter des Stadtteils Holweide.

auch am Einfluß und der Bedeutung seiner ehemaligen Besitzer. Die Annalen beginnen erstmals 1364 mit Dietrich von Elverfeld, der der gleichnamigen Vogtei vorstand. Bis zum Beginn des 17. Jahrhunderts behielt seine Familie das Anwesen und verkaufte es dann 1608 an den Patrizier von Rottkirchen (Rodenkirchen). Das Kölner Stadtadelsgeschlecht stellt eine Reihe von Bürgermeistern und Senatoren. Wilhelm von Lünink, ein Neffe des verstorbenen Friedrich von Rottkirchen, übernahm 1740 den Besitz, hielt ihn aber nur vier Jahre. Die Anlage war zu diesem Zeitpunkt in so baufälligem Zustand, daß er 1742 das alte Herrenhaus abbrechen ließ und ein neues an gleicher Stelle mit Turm errichtete. 1744 ging die Anlage an einen weiteren Neffen, den Grafen Johann Hermann von der Horst, über. Auch die von der Horst trennten sich bereits wieder 1799 von ihrem Landsitz und verkauften ihn an den aus Mülheim stammenden Hofkammerrat Josef Zacharias Bertoldi. Man vermutet, daß ein Brand die Wohngebäude zerstörte, denn die heute erhaltenen Mauern ließ Bertoldi auf den alten Fundamenten neu errichten. Auch er trennte sich kurz vor seinem Tod von dem Besitz. 1833 kam die Isenburg an Heinrich von Sybel, einen hohen Regierungsbeamten aus Düsseldorf, der sich aus Verärgerung von der Politik zurückgezogen hatte. Die von Sybels, aus deren Familie auch ein berühmter Historiker hervorging, pflegten einen illustren kulturellen Freundeskreis, zu dem auch Mendelssohn-Bartholdy, von Schadow und Immermann gehörten.

Seit 1980 in städtischer Hand, führte die Anlage ein etwas trauriges Dasein bis zur Baufälligkeit. Fehlendes Geld im Stadtetat erlaubte nur notdürftigste Reparaturen, die oft von den Mietern der Burg mitgetragen wurden. Seit Januar 1983 ist die Isenburg nun im Besitz des Kölner Architekten Bruno Wasser, der bereits umfangreiche Erfahrung im Restaurieren von Burgen gesammelt hat. Das Anwesen soll mit einer umfangreichen Renovierung wieder im alten Glanz erstehen.

Haus Iddelsfeld

In der Neufelder Straße, gegenüber dem Städtischen Krankenhaus Holweide, liegt, fast vergessen, Haus Iddelsfeld mit einer noch gut erhaltenen Wassermühle. Das schlichte, wasserumwehrte Herrenhaus aus dem 18. Jahrhundert, mit den in Trachyt gefaßten Fenstern, steht auf dem Boden einer ehemaligen Burg,

Haus Iddelsfeld – Die heutige wasserumwehrte Hofanlage erinnert an den alten Sitz der Bachgreven am Strunderbach.

Die Iddelsfelder Mühle – Das mächtige Mühlrad dreht sich noch immer, vom Wasser des Strunderbaches angetrieben. Die Kornmühle ist eine der letzten ihrer Art in Köln.

die Sitz der ‚Bachgreven' am Strunderbach war. Aus einer alten Bachordnung aus dem Jahre 1773 erfahren wir die Aufgaben der Bachgreven und die Bedeutung, die die Wasserwirtschaft schon für die mittelalterliche Bevölkerung hatte. Eine Vielzahl von Interessen galt es zu regeln. Wasser war nicht nur Lebensquell für Mensch und Vieh, sondern auch Energielieferant für die vielen, heute zum Teil noch erhaltenen Mühlen. Die großen Wasserräder brachten die Mahlwerke, Sägen und später die Dreschmaschine in Schwung. Zudem boten die Bäche reiche Fischgründe. Die Bachordnung regelte die Aufgaben der Besitzer und Nutzer. Uferböschungen mußten instandgehalten, Überschwemmungsschäden verhindert oder beseitigt werden. Die Ableitung des Wassers zur Wiesenbewässerung und für den Mühlenbetrieb mußte die Rechte aller berücksichtigen. Die Greven, die der Herzog von Berg als Landesherr einsetzte, wachten über die Einhaltung der Bachordnung. Einmal im Jahr tagte das Bachgedinge, ein Gericht mit 17 Geschworenen, das alle Ordnungsvergehen streng ahndete.

Haus Iddelsfeld ist 1222 urkundlich erwähnt als Sitz gleichnamiger Ritter. Über die weitere, sicher nicht bedeutsame Geschichte der Anlage ist wenig bekannt. Die heute erhaltenen Gebäude sind Bestandteil eines Gutshofes. Die einfachen eingeschossigen Wirtschaftsgebäude von 1905 bilden, in Hufeisenform mit dem Herrenhaus verbunden, den traditionell großen Innenhof, den man durch ein rundbogiges Tor betritt.

Nordöstlich vom Hof, nur wenige Meter entfernt, liegt die Iddelsfelder Mühle. Sie gehört zu den wenigen im Rechtsrheinischen noch erhaltenen Kornmühlen. Sie wurde aber, wie auch das Herrenhaus vom Gutshof, im Laufe der Jahre erneuert. Die jetzigen in Naturbruchstein ausgeführten Gebäude stammen aus dem vorigen Jahrhundert. Der besondere Blickfang der Mühle, das riesige Wasserrad, dreht sich noch immer.

Haus Thurn

Am südlichen Ortsrand von Dellbrück, am Strunderbach, liegt der alte Rittersitz der „vamme Thurne“. Ein dicker quadratischer Turm an der Straße scheint das Wahrzeichen des alten Rittergeschlechts zu sein. Dahinter öffnet sich ein breiter rechteckiger Innenhof mit Stallungen und gibt den Blick frei auf das prächtige zweigeschossige Herrenhaus. Der Bau mit dem besonders hoch gezogenen Satteldach steht auf einem mittelalterlichen Kellergewölbe. Das Haus stammt als wohl ältester Teil der Anlage aus dem 16. Jahrhundert. Über das Aussehen des Vorgängerbaus ist nichts bekannt.

Die 1322 urkundlich erwähnten Ritter vamme Thurne betrieben wie viele ihrer Zeitgenossen am Strunderbach eine Mühle. Als Nachfolger der Burgherren finden wir Mitte des 16. Jahrhunderts die Ritter von Brambach, später die von Pampus und von Hatzfeld. 1627 ist die Wasserburg im Besitz der Familie Quad von Buschfeld. Wilhelm Quad von Buschfeld war, wie wir dem Wappen des Rundbogentors zum Hof entnehmen können, mit Maria von Palant aus dem reichen Kölner Patrizierhaus verheiratet. Seine Familie war nicht minder begütert.

Sie besaß große Ländereien an der Erft. Den von Buschfelds folgten die von Leyen, die zu Beginn des 19. Jahrhunderts ihren Landsitz an Bürgerliche veräußerten. Der Hof wird heute wie früher landwirtschaftlich genutzt. Im Herrenhaus, das in seinem Innenausbau noch alte gotische Holzkonstruktionen aufweisen kann, hat die Volkshochschule Unterkunft gefunden.

*Haus Thurn – an der Stadtgrenze zu Bergisch Gladbach.
In dem prächtigen Fachwerkherrenhaus tagte im Mittelalter das Bachgedinge, das Gericht der Bachgreven, das über die Einhaltung des Bachrechtes wachte.*

Haus Mielenforst – im dichten Grün des gleichnamigen Forstes, hat eine bis ins Jahr 1261 reichende Geschichte.

Haus Mielenforst

Ebenfalls südlich von Dellbrück, im dichten Laub des Mielenforstes versteckt, liegt der alte Rittersitz Mielenforst. Erst der Herbst gibt die Ansicht auf die Gebäude frei. Die imposante Anlage stammt aus der Gründerzeit Ende des vorigen Jahrhunderts, in der die Kölner Neustadt mit ihren prächtigen Bürgerhäusern entstand. Reiche, fast überschwenglich verzierte Fassaden mit Ziergiebeln, Erkern, Türmchen, kleinen und großen Loggien, viele der Klassik nachempfundene Stilformen kennzeichnen einen wahren Wettkampf der Bauherren. Das beginnende industrielle Zeitalter bescherte dem Großbürgertum volle Kassen. Stellung und Einkommen der Begüterten fanden ihren Ausdruck in der Gestaltung der Hausfassaden.

Unter diesen Einflüssen entstanden auch die herrschaftlichen Gebäude von Haus Mielenforst. 1885 errichteten die Architekten Kayser und von Großheim auf historischem Boden das Wohnhaus für die Familie des reichen Mülheimer Seidenfabrikanten Paul Andreae. Später wurde der im Jugendstil gehaltene Wirtschaftstrakt angefügt. Für den Neubau mußte das ältere Wohnhaus von 1711 weichen.

Haus Mielenforst ist bereits im Jahre 1261 als Rittersitz des Engilbertus de Milenforst erwähnt. Im 15. Jahrhundert geht der Besitz an die Grafen von Berg über. 1596 kommt die Anlage durch Pfändung an einen Ritter von Heimbach und im 18. Jahrhundert an die Familie von Steinen. Von 1774 an wird Mielenforst wieder über ein Jahrhundert Eigentum der Landesherren. Zu Beginn des 19. Jahrhunderts erwirbt ein Dr. Hohenschutz das Anwesen, der es dann 1882 an den Seidenfabrikanten Andreae weiterveräußert.

Tourenvorschlag

4

Am Rhein entlang zu den Rittern von Stammheim und Dünnwald

Fahrtstrecke:
Vom Dom aus folgen wir der Uferstraße zur Zoobrücke. Rechtsrheinisch führt dann der Weg über den Deich am Rheinhafen zur Mülheimer Freiheit, dem alten historischen Kern des Stadtteils Mülheim. Am Ufer entlang radeln wir im Rheinbogen bis zum *Schloßpark Stammheim.* Durch den Dorfkern folgen wir der Schloßstraße und fahren dann zwischen Feldern und Wiesen nach Dünnwald, am *Kloster* vorbei zur *Burg Haan.* Der Rückweg führt über den Mauspfad und ruhige Wohnstraßen zur Rheinbrücke.

Tourenlänge: ca. 29 km hin und zurück

Tips zur Rast
Das *Rheinufer* bei Mülheim und Stammheim lädt immer wieder zur beschaulichen Rast ein, ob auf den stillen Rheinwiesen am Hafen neben der Zoobrücke oder auf den vielen Ruhebänken am Mülheimer und Stammheimer Ufer. Überall findet sich ein gemütliches Plätzchen mit viel Aussicht auf den Fluß oder den Dom, der unter den Brücken hervorschaut.

Barockbauten in Mülheim

Die Rheinpromenade in Mülheim

Schloß Stammheim

Einem Geschenk des Kölner Erzbischofs Bruno an das Kloster St. Martin verdankt Stammheim seine erste urkundliche Erwähnung bereits im Jahre 959. „In villa Apostahem" heißt das Geschenk, ein Herrenhof mit allem, was dazugehört. Die Urkunde ist zwar heute umstritten, sie soll angeblich von einem Benediktinermönch gefälscht worden sein. Sicher ist aber, daß ab dem 12. Jahrhundert die Ritter von Stammheim, Gefolgsleute der Grafen von Berg, hier ihren Sitz hatten. Reste der Vorburgmauern aus dieser Zeit sind in dem ausgedehnten Schloßpark am Rheinufer noch zu finden. 1136 beginnt die Chronik mit Ritter Edmund von Stammheim. Sein Enkel zieht mit Adolf von Berg auf einen der berühmten Kreuzzüge, bei dem der Graf 1218 dem Sumpffieber erliegt. Bis zur Mitte des 17. Jahrhunderts leben die Stammheimer Ritter auf ihrem Sitz. Durch weibliche Einheirat geht die Burg 1637 an den Oberstleutnant Wimar von Diependal, dessen Enkelin sich 1701 mit dem Freiherrn von Wyhe vermählt. Durch Kaufverträge um 1750 und 1818 wechselt der Besitz an die Familien des Freiherrn Ferdinand von Pfeil und des Reichsfreiherrn Theodor Hermann Adolf von Fürstenberg-Neheim. 1928

Schloß Stammheim – Die Zeichnung, vermutlich aus der Mitte des 18. Jahrhunderts, zeigt den prächtigen Fürstenbergschen Rokokobau

war Stammheim im Besitz der Stadt Köln und 1955 errichtete die Firma Bayer AG ein Altersheim auf dem Gelände der Vorburg.

Aus der geschichtsträchtigen Zeit ist an baulichen Zeugnissen nichts außer Mauerresten und Bruchstücken eines Portals, das heute den Eingang zum Innenhof des Altersheimes schmückt, übrig geblieben. Die Kriege der Vergangenheit, insbesondere noch der letzte Weltkrieg, haben ein Denkmal beseitigt, von dem die Geschichte schreibt, daß es zu den herrlichsten Besitztümern der Rheinprovinz zählte. Unter dem Namen von Fürstenberg galt Schloß Stammheim als ein Mittelpunkt politischen und kulturellen Lebens. Der gepflegte Landschaftspark und die herrschaftliche alte Lindenallee erinnern an den Glanz vergangener Tage.

Über die frühe Baugeschichte am Rheinufer läßt sich nur wenig berichten. Sicher ist aber die Entwicklung, die sich parallel zu anderen Herrensitzen vom befestigten Hof über die Burganlage zum Schloßbau vollzog.

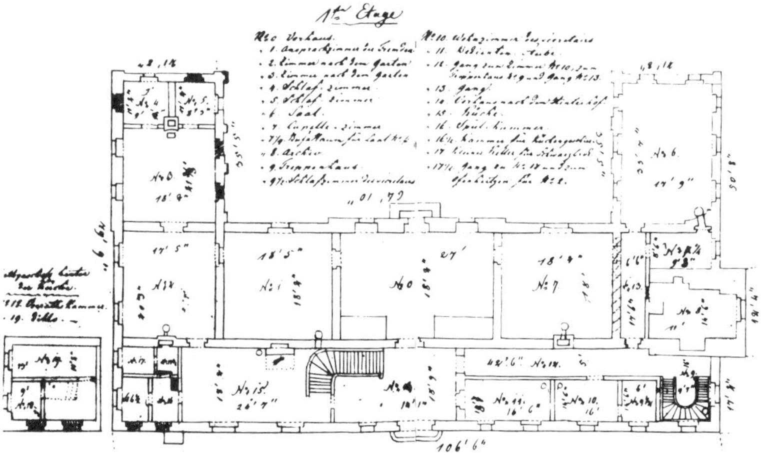

Schloß Stammheim – Grundriß des Erdgeschosses, 19. Jahrhundert, Archiv Fürstenberg. Die strenge Symmetrie der französischen Vorbilder wird hier deutlich.

Der herrschaftliche Landschaftspark mit altem Baumbestand erinnert an den Glanz des untergegangenen Schlosses.

Bekannt ist ein Abriß des Schlosses vor 1780 und die Errichtung neuer Gebäude durch den Freiherrn Ferdinand von Pfeil. Der Neubau entstand in französischem Rokokostil, vermutlich unter dem Baumeister Johann Georg Leydel.

Ein breiter zweigeschossiger Hauptflügel mit neun Fensterachsen öffnete sich mit zwei rechtwinkligen kurzen Seitenflügeln zum Schloßgarten mit Blick auf den Rhein. Ein kräftiger Mittelrisalit mit Freitreppe und darüberliegendem Balkon und einem bis ins Mansarddach hineinreichenden Dreiecksgiebel mit dem Fürstenbergschen Familienwappen betonte den Haupttrakt. Die großen werksteingefaßten Stichbogenfenster und der Quaderputz gaben der Hausfront ein repräsentatives Aussehen. Zum Schloß gehörte auch eine 1858 von Vincenz Statz gestaltete Kapelle mit Kreuzgewölbe und gräflicher Empore.

Die Vorburg, vor der Eingangsfront des Schlosses gelegen, beherbergt die Wirtschaftsräume, Stallungen und eine Bibliothek mit mehreren tausend Bänden. Der im englischen Stil erhaltene Landschaftspark von 1832 mit dem prächtigen Baumbestand und vielen Wegen lädt den Besucher auch heute noch zu einem Spaziergang ein.

Haus Haan

Haus Haan, am Zeisbuschweg im Südwesten von Dünnwald, ist ein Beispiel für in Vergessenheit geratene Geschichte. Die alte Wasserburg aus dem Jahre 1230 fristete bis vor kurzem ein trauriges Dasein. Wilder Holunder und Gestrüpp überwucherten das barocke Herrenhaus. Die Fenster waren zugemauert, der totale Verfall stand bevor.

Wie viele rheinische Wasserburgen gründet auch Haan auf Eichenpfählen. Diese natürlichen Baumfundamente werden, vom Wasser umspült, zu steinhartem Halt für die darüber errichteten Mauern. So können sie Jahrhunderte überstehen. Fehlt ihnen das ständige Naß, beginnt eine Fäulnisbildung und die Gebäude sacken unter ihrer Last langsam zusammen. Haus Haan teilt mit dem sinkenden Wasserspiegel das Schicksal vieler Wasserburgen.

Den Graben füllte einst der nahegelegene Mutzbach, der sich von Paffrath aus durch die Wiesen schlängelt und heute in Leverkusen in der Kanalisation verschwindet. Das Wasser, das

Haus Haan, Dünnwald – Die Abbildung zeigt das Herrenhaus der ehemaligen Wasserburg vor und nach der Renovierung.

nicht direkt an der Burg vorbeifließt, mußte im Mittelalter erst umgeleitet werden. Im Jahre 1264 trafen deshalb die Ritter vamme Hane mit Kloster Dünnwald die Vereinbarung, den Bach zeitweilig in ihre Gräben zu leiten.

Einem mutigen Kölner, der den Besitz der Stadt abgekauft hat, ist es zu verdanken, daß die Anlage bald wieder zu neuem Glanz gelangt. Ein Bauherrenmodell soll die Finanzierung der aufwendigen Restaurierungsarbeiten tragen. Sie werden von fachkundiger Hand nach alten Plänen durch polnische Restaurateure, die in ganz Europa bereits Anerkennung fanden, durchgeführt.

Die Chronik der Anlage kann außer mit Namen und Jahresdaten kaum mit bedeutenden Ereignissen aufwarten. Bis 1585 sind die Ritter vamme und später vam Hane im Besitz der Burg. Ihnen folgen Heinrich von Lülsdorf und von 1625 die von Droste zu Vischering. Mit dem Beginn des 19. Jahrhunderts geht Haus Haan an die Familie der Freiherren zu Fürstenberg.

Die Wasserburg ist eine typisch zweiteilige Anlage. Das Herrenhaus liegt getrennt von der Vorburg auf einer eigenen vom Wasser umspülten Insel. Ein Mansardwalmdach deckt die auf jeder Seite fünfachsige, fast quadratische Hauptburg. Die Fenster haben Hauseinfassungen. Der Bau stammt aus der Zeit der Familie von Droste zu Vischering um die Mitte des 18. Jahrhunderts. Die einfachen Wirtschaftsgebäude der Vorburg, die um einen breiten rechteckigen Hof angeordnet sind, entstanden erst später.

Tourenvorschlag

5

Zum Wasserschlößchen am Duffesbach

Fahrtstrecke:
Vom Dom aus geht's auf Schleichwegen durch die Innenstadt, am Volksgarten vorbei, über die Eifelstraße zum *Weißhaus*, dem Wasserschloß an der Luxemburger Straße. Über ruhige Wohnstraßen führt der Weg zum *Haus Komar.* Dann radeln wir durch den *Grüngürtel* bis zur Gleueler Straße. In den Feldern zwischen Frechen und Köln liegen unsere nächsten Ziele, die *Burg Horbell* und der alte Rittersitz *Stüttgenhof.*

Tourenlänge: ca. 26 km hin und zurück

Tips zur Rast
Volksgarten, Grüngürtel: Was für den Sonntagsspaziergang gut ist, bietet auch dem Burgenwanderer die besten Voraussetzungen für eine Rast. Mit jeder Jahreszeit ändert sich auch das farbige Bild der städtischen Erholungsanlagen. Sonnenhungrige und Schattensuchende kommen gleichermaßen auf ihre Kosten, und auch der Picknickkorb muß mit. Wer statt dessen lieber weiter besichtigen möchte, sollte sich im Kontrast zu den mittelalterlichen Bauten die preußischen Festungsanlagen, die Forts, ansehen.

Das Weißhaus

Wo liegt, schon fast im Herzen der Stadt Köln, eingekreist von den mächtigen Betonburgen des Universitätsviertels ein Schloß mit Wassergraben und Teich in einem beschaulichen Park? Diese Frage, selbst alten Kölnern gestellt, erweckt oft ungläubiges Staunen. Wer sich auf der Luxemburger Straße, einer jener Verkehrsadern, die aus der Stadt schnurgerade Richtung Vorgebirge, Zülpich und Eifel führt, zügig dem vierspurigen Verkehr anpaßt, der nimmt kaum Notiz von dem schmucken Bauwerk, das sich im Sommer zudem hinter dichtem Grün alter Baumriesen versteckt.

Wenn auch hohe Mauern und ein sicheres schmiedeeisernes Gitter dem Besucher den Eintritt verwehren, lohnt es sich anzuhalten und einen Blick ins Gelände zu werfen. Dazu ist die interessante Geschichte dieses Anwesens jedem Burgenfreund zugänglich.

Die Chronik setzt im Mittelalter ein. Das Weißhaus, ursprünglich ein Hof, gehörte mit anderen Gütern wie dem Komarhof, der „villa sultz" und dem bereits 1145 bezeugten Neuenhof zum ausgedehnten Landbesitz der Kölner Abtei St. Pantaleon. Nur so ist es zu verstehen, daß in so unmittelbarer Nähe zur Kölner Stadtmauer eine befestigte Anlage Duldung fand. Das „Wyssenhuys" litt wie andere Höfe im Weichbild der Stadt trotzdem stark unter den mittelalterlichen Auseinandersetzungen um den Kurstaat. Brandschatzende Truppen plünderten die nur wenig geschützten Hofgüter und ernährten sich von Vieh und Vorräten, die sie vorfanden. So sind auch die Annalen des Weißhauses von Brand und Zerstörung gekennzeichnet. 1474 werden die Gebäude eingeäschert. Schon bald baut Konrad von Deckstein die Mauern wieder auf. Ein Jahrhundert später entbrennt der Truchsessische Krieg, der den Namen des Erzbischofs Gebhard Truchseß von Waldburg trägt. Der Kölner Kurfürst versucht, das Erzstift in ein weltliches Fürstentum umzuwandeln. Man setzt ihn daraufhin ab, ernennt an seiner Stelle Ernst von Bayern, und es beginnt ein jahrelanger Krieg. Bayrische Soldaten brennen 1584 die Vorburg des Weißhauses nieder.

1669 erwählt Aegidius Romanus, Abt von St. Pantaleon, die Anlage zu seinem Landsitz. Fortan ist die „villa in Wissenhaus" Sommersitz der Äbte. An der „Zulpgerstraißen", die erst im 19. Jahrhundert zur Luxemburger Straße umbenannt wurde, ließ sich gut leben. Das Weißhaus war als Hof eine echte Früchtekam-

Das Wasserschlößchen Weißhaus, Wahrzeichen des Stadtteils Klettenberg, war lange Zeit Sommersitz der Äbte von St. Pantaleon.

Das Weißhaus – 1865 schuf der Kölner Dombaumeister Vincenz Statz die kleine neugotische Kapelle, die mit einem Gemäldezyklus von J. A. Ramboux ausgestattet ist.

mer, und selbst Wein wurde, wie die Überlieferung nachweist, im Garten angebaut.

Von den heute erhaltenen Gebäuden gilt der achteckige Turm aus dem 17. Jahrhundert als der älteste Teil, daran, zur Straße angelehnt, das aus dem späten 18. Jahrhundert stammende Herrenhaus mit Mansarddach. Die gotische Kapelle im hinteren Bereich entstand 1856. Von der Dombauhütte ging ein neugotischer architektonischer Geist aus. Unter Zwirner, einem Schüler des berühmten Baumeisters Schinkel, und dem Dombaumeister Vincenz Statz erlebte das Rheinland eine Hochblüte im Kirchenbau. Statz schuf auch die kleine, aber reich ausgestattete Kapelle mit einem Gemäldezyklus von J. A. Ramboux, der das Leben Mariens wiedergibt. Unter Ramboux entstanden auch die durch Krieg inzwischen zerstörten Fenster des kleinen Gotteshauses. Die auf einer eigenen Insel stehenden Gebäude sind durch gemauerte Bogenbrücken mit dem Landschaftsgarten verbunden. Den Wehrgraben füllt auch heute noch der aus Hürth kommende Duffesbach, der noch im 19. Jahrhundert offen am Weißhaus vorbeifloß.

Der Komarhof

Am südwestlichen Ortsrand von Klettenberg, dicht gedrängt an die verkehrsreiche Köln-Bonner Eisenbahntrasse, liegt der Komarhof. Er gehörte einst wie das Weißhaus in Sülz zu den Höfen des Kölner Klosters St. Pantaleon. Umsäumt von hohen Pappeln präsentiert sich zur Geisbergstraße hin die breite Fachwerkscheune. Sie ist den alten Wirtschaftsgebäuden, die bei einem Brand im letzten Krieg zerstört wurden, nachempfunden. Der Vorgängerbau trug ein ausladendes Walmdach. Von der Scheune verdeckt liegt im Hintergrund das Herrenhaus mit den barocken Schweifgiebeln und den werksteingegliederten Fenstern. Der Hof ist vor allem mit dem Namen von Siegen, einem Kölner Stadtadelsgeschlecht – 15. bis 17. Jahrhundert – verbunden. Arnold von Siegen, der den Komarhof in der „Herrlichkeit Sulz“ – erst später kam er zu Klettenberg – im Jahr 1550 als Landsitz besaß, war insgesamt zwölfmal Bürgermeister in Köln. Die Stadt verdankt ihm als Mäzen vor allem den Ausbau und Erhalt der Pfarrkirche St. Johann Baptist. Die Geschichte erzählt, daß seine Großzügigkeit nicht ganz erwidert wurde. Mit dem Wunsch, den Duffesbach auch an seinem Hause vorbeizuleiten, konnte er sich

Haus Komar – Das Herrenhaus mit barockem Schweifgiebel liegt versteckt am südwestlichen Ortsrand von Klettenberg.

nicht durchsetzen, und so lehnte er es schließlich ab, weiterhin für Köln Bürgermeister zu sein. Wäre seine Forderung erfüllt worden, hätte man Haus Komar sicher zu den Wasserburgen zählen können. Wie repräsentativ die Anlage gestaltet war, zeigen alte Zeichnungen. Zinnenbekrönte Tore und Turmaufsätze auf dem Herrenhaus betonten den vornehmen Charakter des Herrensitzes. Arnold von Siegen, der neben seinem Bürgermeisteramt auch die Position eines Reichshofrates innehatte, vererbte seinen Landsitz an die Armen- und Waisenanstalten der Stadt Köln. Das Haus blieb dann bis in unsere Tage in kommunalem Besitz. Heute beherbergt der Hof einen Heimwerkermarkt, dessen Reklameschilder dem ländlichen Charme der Anlage etwas schaden.

Burg Horbell

In der weiten Flachlandschaft, den Wiesen und Äckern zwischen Marsdorf und Stotzheim, liegt die Burg Horbell. Schon von weitem erkennt man im Schatten der mächtigen Baumkronen das breite Walmdach des Herrenhauses. Horbell gehörte als Lehen zur Kölner Dompropstei. Als Sitz der Ritter von Vischenich wird es 1340 erstmals urkundlich erwähnt. Durch Erbfolge und Heirat bleibt die Burg fast zwei Jahrhunderte mit der Familie verbunden. Als schließlich die Nachkommenschaft ausbleibt, wird Vincenz von Schwanenberg im Jahre 1519 mit dem Besitz belehnt. 1550 wechselt das Anwesen zur Familie der Schall von Bell, 1591 zu Heinrich von der Horst und 1628 zu seinen Söhnen. Um 1650 kauft die Kölner Bürgermeisterfamilie von Scharffenstein die Burg.

1713 läßt Gereon Konstantin Pfeil von Scharffenstein das heute noch erhaltene Herrenhaus errichten. Der Bau gründet auf den Fundamenten des mittelalterlichen Vorgängerbaus, dessen Kellergewölbe auch noch erhalten sind. Das Herrenhaus ist ein mächtiger, rechteckiger, verputzter Ziegelbau mit neun Fensterachsen und zwei Geschossen. Darüber erhebt sich ein hohes Walmdach. Eine Freitreppe in der Mitte des Gebäudes führt zum Hauptportal mit dem Allianzwappen der Familien von Scharffenstein und Hettinger. Im Innern des Burghauses, das vom Krieg durch seine geschützte Lage weitgehend verschont blieb, finden wir die Zeugnisse der Kölner Innenarchitektur des

Wasserburg Horbell – Das mächtige Herrenhaus aus dem Jahre 1713 steht auf mittelalterlichen Fundamenten.

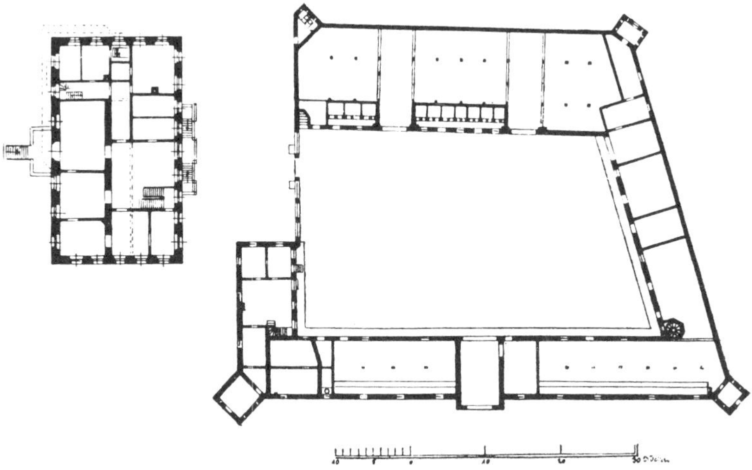

Horbell – Der Grundriß zeigt die typische Zweiteiligkeit der rheinischen Anlagen. Das Herrenhaus hebt sich deutlich von dem Hufeisen der Vorburg ab.

Wasserburg Horbell – Die Vorburg erhält einen besonderen Reiz durch die Holzgalerien auf der Hofseite.

18. Jahrhunderts. Ein reich verziertes barockes Treppenhaus und Holzstuckdecken – auch Kölner Decken genannt – gehören zu den schönsten Beispielen rheinischer Handwerkskunst.

Eine dreiflügelige Vorburg mit Ecktürmen, vermutlich noch Reste der mittelalterlichen Gebäude, umschließt auf unregelmäßigem Grundriß den breiten Innenhof. Die alten Wirtschaftsgebäude, die jetzt vorwiegend Wohnzwecken dienen, tragen auf zwei Seiten eine hübsche Holzgalerie, wie man sie heute noch an manchen Burgen der Ville/Erftregion besichtigen kann. Die verlandeten und überwachsenen Teiche und Wassergräben, die einst vom Gleueler Bach gefüllt wurden, erkennt man nur noch an Geländevertiefungen. Bei sinkendem Grundwasserspiegel durch den fortschreitenden Braunkohleabbau und das moderne Kanalisationssystem, ist das Charakterbild einer Wasserburg nur schwer zu erhalten. Renovierungsarbeiten, die zur Zeit an der gesamten Anlage in Gang gesetzt sind, werden in Kürze dem Anwesen den alten Glanz wiedergeben.

Der Stüttgenhof

Der Stüttgenhof, neben dem Verwaltungsgebäude der Rheinbraun AG, am äußeren Grüngürtel Kölns gelegen, versteckt sich im Sommer hinter dichtem Grün alter Bäume. Er gilt als eine der wahrscheinlich ältesten Anlagen in Köln. Schon zur Römerzeit wurden die Ländereien bebaut, wie Ausgrabungen beweisen. Die Gebäude, die wir heute sehen, stammen aus dem 19. Jahrhundert. Auf die größere Vergangenheit weisen jedoch der mittelalterliche Grundriß und die teilweise intakte Wassergrabenanlage hin. Erste Urkunden benennen 1271 eine Villa Stute, die zur Deutschordenskommende Sankt Catharina zu Köln gehört. Eine weitere Urkunde erwähnt den Hof im Jahre 1336. Ein Johann von Spiegel heiratet das stadtadelige Fräulein Imagina Jude. Die mittelalterliche Heiratsordnung legte den Brauteltern teure Pflichten auf. Sie hatten eine dem Stande entsprechende Mitgift zu entrichten, und so machten der Ritter Göbel Jude und seine Frau Elisabeth Hardefust den Hof zum Hochzeitsgeschenk.

Stüttgenhof – die Muttergottes am Hofeingang, Ausdruck der Frömmigkeit und Symbol für den Schutz und die Zuflucht der Bevölkerung.

Wie man von anderen Höfen aus dem heutigen Stadtgebiet Kölns weiß, wird ihre Existenz als ordentlicher Rittersitz oft, wie auch hier im Falle Stüttgen, bestritten. Der Grund liegt vorwiegend in der Nutzung der Anlagen, die mehr der ertragreichen Wirtschaft als dem Wohnbedarf des adligen Besitzers dienten. Man lebte allenfalls zur Jagd oder auf der Flucht auf dem Hof. Die Güter wechselten auch schneller ihren Besitzer, wenn wirtschaftliche Gründe oder dringender Geldbedarf eine Rolle spielten. Der Kölner Stadtadel verbrauchte viel Geld für sein aufwendiges Leben. Weitere Mittel verschlangen die Auseinandersetzungen mit den immer einflußreicheren Handwerkerzünften, die sich gegen die Allmacht der Patrizier zur Wehr setzten. So mußte der Hardefust'sche Besitz flüssig gemacht werden. Ein Teil des Stüttgenhofes wurde gegen Geld Lehnsbesitz der Abtei Brauweiler bis zur Säkularisation im Jahre 1802. Nachfahren der von Hardefust' waren die Ritter von Fischenich. Bis zum Ende des 15. Jahrhunderts zogen sie Ertrag aus dem Hof. Die Unterhaltskosten zwangen sie dann zum Verkauf im Jahre 1485 an das Stift St. Gereon zu Köln. Bis 1688 war Stüttgen noch ordentliches Ritterlehen. Danach verpachtete das Stift das Gut nur noch an bürgerliche Halfe. Halfe, auch Halbwinner genannt, waren in der mittelalterlichen Sprache die Pächter.

Tourenvorschlag

6

Zum Raubritter von Pulheim

Fahrtstrecke:
Wir durchqueren die Innenstadt, möglichst unter Umgehung des Autoverkehrs in westlicher Richtung. Hinter dem Militärring geht's ins ländliche Köln. Wir radeln über gut ausgebaute Feldwege zum *Burghof* nach Widdersdorf und von dort aus an Brauweiler vorbei nach *Junkersburg* in Pulheim-Geyen.

Tourenlänge: ca. 31 km hin und zurück

Tips zur Rast
Wiesen und Bänke zwischen Köln und Pulheim laden in großer Zahl zur Rast ein. Wer sich lieber bewirten lassen möchte, findet in Widdersdorf und Pulheim-Geyen gemütliche Dorfgaststätten vor.

Der Burghof in Widdersdorf

Viel älter als die Pfarrkirche St. Jakobus von 1745, die den Ortskern von Widdersdorf beherrscht, ist der Burghof gegenüber an der Straße nach Brauweiler. Seinen Namen verdankt er den vom König eingesetzten Burggrafen von Köln, die hier ihren Landsitz hatten. Die ‚Greven' hatten ihren eigentlichen Stammsitz auf einem Hof, der in einer kleinen Kölner Seitenstraße von Hohestraße und Sandkaul lag, dem heutigen Burghöfchen. Zu ihren Aufgaben gehörten die Führung des Stadtregiments und die Wahrnehmung von Vogtrechten. Ihr Einkommen bestritten sie aus dem sogenannten Gefälle, den Abgaben ihrer Lehnsleute und den Einnahmen aus ihrer richterlichen Tätigkeit.

Die Chronik des Widdersdorfer Hofes beginnt im 12. Jahrhundert mit dem aus Köln stammenden Hochadeligen von Arenberg. Aus dieser Zeit vermutet man auch den Bau des Hofes. 1279 verkauft Johann von Arenberg seinen Besitz an den Erzbischof zu Köln. Der belehnt unter anderem den Kölner Heinrich von der Heiden. 1396 vermacht von der Heiden seinen Besitz dem Stift St. Maria im Kapitol.

Die heutigen Gebäude stammen vorwiegend aus der Mitte des 19. Jahrhunderts. Die mächtigen Wirtschaftsgebäude aus Feldbrandstein gruppieren sich um einen breiten Innenhof. Über den Hof fällt der Blick auf das zweigeschossige klassizistische

Burghof Widdersdorf – einst Landsitz der Kölner Burggrafen

Turmhof Widdersdorf –
Der Turm ist die frühe mittelalterliche Form
der rheinischen Wehrburg.

Herrenhaus mit den Stufengiebeln und einem kräftigen Mittelrisalit. Ein beachtlicher, inzwischen verlandeter Graben auf der Südwestseite deutet auf die ehemalige Wasserumwehrung hin. Zu den Geschichten über den Hof gehört, wie bei vielen anderen Anlagen rund um die Abtei Brauweiler, die Sage von einem unterirdischen Geheimgang, der den Burghof mit der Abtei verbindet.

Nach der Besichtigung des Hofes lohnt sich auch ein Gang über den alten Friedhof an der Pfarrkirche, der neben sehenswerten Grabsteinen aus dem 17. Jahrhundert auch den Blick auf den dahinterliegenden Turmhof freigibt. Namensgebend für den Hof ist der Steinturm, der eine frühe Form der rheinischen Befestigungsanlage darstellt.

Die Junkersburg

Am nördlichen Ortsausgang des gemütlichen Dorffleckens Geyen liegt, umrahmt von einem gepflegten Garten, die Junkersburg. Sie zählt zu den guterhaltenen Wasserburgen des Erftkreises. Den hervorragenden baulichen Zustand verdanken wir der Familie Schumacher, der heutigen Eigentümerin. Die Burg kann auf eine bewegte, bis weit ins Mittelalter reichende Geschichte zurückblicken. Geyen war ehemals, trotz seiner territorialen Zugehörigkeit zum Herzogtum Jülich, Lehen der Kölner Dompropstei. Zu den ersten urkundlich bekannten Lehnsträgern gehörten die Junker von Geyen. Ihnen folgten Adelsgeschlechter, deren Namen wir oft in anderen Burgengeschichten des Raumes wiederfinden, darunter die Familien von Harff, von Jude, von Redinghoven, von Frentz und Grass. Vorübergehend trug der Rittersitz im 15. Jahrhundert auch den Namen Canishof. Johann von Canis, der von 1408 bis 1443 das Anwesen besaß, stammte aus einer Kölner Schöffenfamilie. Ihm folgte ebenfalls ein Kölner, der Stadtadelige Conrad Judde. 1664 erfaßte ein Großbrand die gesamten Gebäude und richtete verheerenden Schaden an. Auf Brände stoßen wir immer wieder in den Geschichten der Burghäuser. Was Kriege nicht zerstörten, fiel oft dem Roten Hahn zum Opfer. Offene Herdstellen, Wirtschaftsgebäude aus Holzfachwerk, nach der Ernte bis unters Dach mit Stroh und Heu gefüllt, brannten schnell lichterloh, und so wurde manches mittelalterliche Baudenkmal bis auf die Grundmauern zerstört.

Der Wiederaufbau begann sofort unter dem Bauherrn Grass von Fliestedten, der auf abenteuerliche Weise in die Familie von

Die Junkersburg in Pulheim-Geyen – Sitz des Kölner Stadtadels im 15. Jahrhundert.

Frentz eingeheiratet hatte. Die uns überlieferte Geschichte nennt ihn einen „flotten Raubritter". Er entführte die erst elfjährige Tochter aus dem Hause von Frentz heimlich auf seinen Stammsitz, die Oberburg in Fliesteden, und heiratete sie. Erst großangelegte Suchaktionen, an denen sich auch der Landesherr, der Herzog von Jülich, beteiligte, deckten die Entführung auf. 1784 ging die Burg durch Einheirat in die Familie Grass an die Familie Raitz von Frentz zu Kellenberg. Genau ein Jahrhundert später verkauften die von Frentz ihr Anwesen an den reichen Kölner Bürger Levy Wolff. Dieser hatte Spekulationsabsichten mit dem Kauf verbunden. Er ließ kurzerhand den großen Landbesitz von 393 Morgen parzellieren und konnte so ansehnlichen Gewinn verbuchen. Der Ausverkauf wurde teilweise durch Gudula Hartzheim, die Tochter des ehemaligen Burggrafen, verhindert. Sie erwarb 61 Morgen und vergrößerte dann den Besitz wieder auf 284 Morgen. Die Parzellierung ist der Anfang vom Ende fast jeder größeren Anlage gewesen. Denn damals wie heute konnten Gebäude mit großen Unterhaltungskosten und Personalaufwand nur unterhalten werden, wenn umfangreicher Landbesitz genug Ertrag brachte. Die Junkersburg ist seit 1927 durch Erbfolge im Besitz der Familie Schumacher.

Die Anlage stellt sich heute als ein Gebäudekomplex dar, der geschichtlich vom Mittelalter bis in die Mitte des 19. Jahrhunderts reicht. Ältester Teil ist der trutzige Wehrturm auf der Nordseite. Er korrespondiert mit dem wuchtigen, über Eck gestellten Turm von 1856 auf der gegenüberliegenden Seite. Der Hauptbau erhebt sich zweigeschossig unter einem mächtigen Satteldach, das zur Straße hin mit barockem Schweifgiebel geschmückt ist. Zum Innenhof und zu den Wirtschaftsgebäuden gelangt man über eine Steinbogenbrücke, die den noch erhaltenen Wassergraben überspannt. Sehr malerisch muß die nicht mehr erhaltene hölzerne Zugbrücke ausgesehen haben.

Tourenvorschlag 7

Zum Schloß Arff nach Worringen

Fahrtstrecke:
Vom Dom aus radeln wir am linken Rheinufer stromabwärts bis nach Niehl, westlich bis zur Neusser Landstraße und dann auf sicheren Radwegen zum Fühlinger See. Die Landstraße führt uns durch Fühlingen und hinter dem Ort auf den Worringer Bruch zu. Hinter Roggendorf radeln wir auf beschaulichen Feld- und Wiesenwegen zum Ziel, *Schloß Arff.*

Tourenlänge: ca. 34 km hin und zurück

Tips zur Rast
Fühlinger See: Mit Schwimmzeug und Picknickkorb bepackt, ist man für wärmere Tagesausflüge bestens ausgerüstet. Für kühlere Tage empfiehlt sich die Einkehr in eine der Dorfgaststätten von Fühlingen oder Roggendorf. Ein Abstecher nach Langel, direkt hinter Fühlingen, Richtung Fähre Hitdorf, belohnt den Ausflügler mit Kaffee, Kuchen und einem wunderschönen Rheinblick.

Schloß Arff

In den weiten Wiesen des Kölner Nordens, zwischen Roggendorf und Hackenbroich, dicht am Wald, liegt eines der bedeutendsten Kölner Schmuckstücke des 18. Jahrhunderts, das Landschlößchen Arff. Schon der erste Anblick des Wohnhauses erinnert an eine Architektur, die wir weit prächtiger noch in Brühl erleben werden. Haus Arff entstand wie Schloß Falkenlust und Schloß Augustusburg unter dem Einfluß des Hofarchitekten der Kurfürsten, Michael Leveilly. Im Auftrag der beiden Kölner Kanoniker von Buschmann, die beträchtliches Vermögen und Einfluß in der Stadt besessen hatten, errichtete der Franzose in nur fünfjähriger Bauzeit von 1750–1755 das prächtige, streng symmetrisch gehaltene Schloß. Über einem hohen Sockel erhebt sich das elegante Herrenhaus. In der hervorstehenden Mitte des Baues, dem Mittelrisalit, liegt der Eingang, zu dem zwei runde Freitreppen führen. Über der reich verzierten, zweigeschossigen Fassade mit sieben Fensterachsen thront ein mächtiges Mansarddach, das mit einem sechseckigen Laternenturm bekrönt ist. Innenarchitektur und Ausstattung des Herrenhauses entsprechen der äußeren

Blick auf den Fühlinger See und die Dorfkirche von Fühlingen.

Schloß Arff – Auf dem Boden eines mittelalterlichen Vorgängerbaus ließen sich die beiden Kölner Kanoniker von Buschmann 1750 das schmucke Landschlößchen errichten.

Die Koelhoffsche Chronik – 1499 – zeigt die Vertreibung des Kölner Erzbischofs Siegfried von Westerburg in der Schlacht von Worringen 1288.

Das beschauliche Rheinufer lädt immer wieder zum Rasten ein.

Im Kölner Norden, kurz vor Roggendorf, führt die einsame Landstraße am Worringer Bruch entlang.

Eleganz. Alte Grundrißzeichnungen zeigen die großzügigen Räume, die um einen breiten Flur liegen. Stuckdecken und das ausgemalte Treppenhaus schaffen eine repräsentative Atmosphäre. Ein Ölgemälde des Kölner Malers Franz Xaver Schweitzer von 1755 zeigt den Baumeister Leveilly mit seinem Auftraggeber von Buschmann vor dem Hintergrund des Schloßbaues.

Die Fundamente des Hauses stehen auf schweren Baumpfählen, denn Arff war ursprünglich ein Wasserschloß. Die Gräben, die sich um Haus und Garten zogen, sind heute aufgefüllt. Zwei langgestreckte niedrige Remisen für Tiere, Futter und Wagen flankieren zu beiden Seiten das Herrenhaus und bilden gleichzeitig den Hof. Davor liegt ein Zier- und Nutzgarten.

Wie bei anderen Anlagen beginnt die Geschichte des Schlosses bei einem mittelalterlichen Vorgängerbau. Namensgebend waren die Ritter van der Arffe, die im Jahre 1366 urkundlich erwähnt werden. Den Rittern, die über gut zwei Jahrhunderte Lehnsleute des Kölner Erzstiftes waren, folgten die von Baesgen im Jahr 1572 und später die von Blittersdorf, die dann vor 1750 an die Herren von Buschmann verkauften. Im Laufe des Truchsessischen Krieges, der 1583 entbrannte, soll die Burg zerstört worden sein. Über das Aussehen der damaligen Anlage ist nichts bekannt. Auf die Herren von Buschmann folgte der Graf Hompesch, der im Jahre 1803 seinen Besitz an den kurkölnischen Generaleinnehmer, Freiherr Geyr von Schweppenburg, veräußerte. Die von Schweppenburgs hatten vorher ihren Sitz auf Schloß Röttgen in Köln-Rath. Auch heute noch ist der herrliche Landsitz im Eigentum dieser Familie.

Tourenvorschlag

8

Zu den Lustschlössern der Kölner Erzbischöfe nach Brühl

Fahrtstrecke:
Wem die Anreise Köln–Brühl zu lang ist, der fährt am besten mit der Bundesbahn und landet dann direkt am Bahnhof vor dem Brühler Schloß.

Wer lieber bis Brühl radelt, wählt vom Dom aus die Rheinuferstraße, durchquert Marienburg, fährt über Rondorf, Meschenich bis nach Berzdorf und beginnt an der *Burg Godorf* die Burgentour. *Schloß Entenfang* mit seinem Naturschutzgebiet ist der nächste Anlaufpunkt. Über Feld- und Wiesenwege geht's nach Brühl-Schwadorf zur *Schallenburg.* Auf ruhigen Pfaden führt der Weg zum *Schloß Falkenlust.* Ziel und Höhepunkt der Tour bildet *Schloß Augustusburg.*

Tourenlänge: ca. 28 km hin und zurück

Tips zur Rast
Naturschutzgebiet Entenfang: ein idealer Platz an sonnigen Tagen. Große Liege- und Spielwiesen laden zur entspannenden Rast ein.

Kaffeetrinken in Brühl: Brühls gastronomisches Angebot ist reichhaltig und bietet viel für den kleinen und großen Hunger. Vom Schloß aus ist alles bequem zu erreichen.

Die Godorfer Burg

Die Historiker meinen es nicht gut mit der Godorfer Burg und setzen sie zeitweilig in Gänsefüßchen. Tatsächlich gibt es keine nennenswerten geschichtlichen Hinweise oder Urkunden über den gelb verputzten Zuckerbäckerstilbau am westlichen Ortsrand von Berzdorf. Die etwas geschachtelte Architektur hinter der neugotischen Fassade und dem herausragenden Turm wirkt sehr zusammengesetzt, und die abseits von der Straßenfront gelegenen hinteren Gebäude sind nicht gerade gepflegt. Trotzdem hat sie einen gewissen Reiz und etwas burgenhaft Ehrwürdiges mit den Zinnen, dem polygonalen Eckturm und dem Torbau. Die Anlage entstand im 19. Jahrhundert im Zuge der Wiederbelebung der Burgenromantik als repräsentativer Bauernhof. Das Anwesen gehörte als Hofgut mit fünf weiteren Höfen von Berzdorf dem Stift Schwarzrheindorf. Obwohl die Anlage bereits in ihren burgähnlichen Grundrissen auf alten Karten zu erkennen ist, besteht kein geschichtlicher Zusammenhang mit den Burgen und Schlössern der Kurfürsten. Auch die Annahme, die Burg sei der Sitz des 1249 bezeugten Rittergeschlechts von Berthinstorp gewesen, läßt sich nicht beweisen. Bauernhof ist sie bis heute geblieben.

Die Godorfer Burg in Wesseling-Berzdorf

Haus Entenfang

Das Jagdschlößchen Entenfang am Ortsausgang von Berzdorf war ein Ausgangspunkt der kurfürstlichen Entenjagd. Ein ehemaliger Rheinarm hat in der Niederung eine natürliche Bruchlandschaft mit Teichen hinterlassen, in der auch heute noch Enten leben. Und viele tausend Zugvögel machen alljährlich in diesem Naturschutzgebiet Rast auf dem Weg nach Süden. Der Entenfang, eine der kurfürstlichen Leidenschaften, war eine recht trickreiche Jagd. Um das wilde Federvieh zum Landen zu bewegen, setzte man Lockenten, die man an den gestutzen Flügeln und den eingekerbten Schnäbeln erkennen konnte, auf die Teiche und streute Futter aus. Setzten die Enten auf dem Wasser auf, hetzten berittene Jäger mit abgerichteten Hunden die Tiere in Fangnetze und Fallen.

Über die Gründungs- und Besitzverhältnisse der kleinen Anlage gibt es nur widersprüchliche Chroniken. Einerseits wird behauptet, Entenfang sei ohne Vorgängerbau als Jagdhaus des Kurfürsten errichtet worden. Andere Quellen nennen einen Freiherrn im kurkölnischen Lehnsverhältnis, der über seine Verhältnisse gelebt und deshalb sein Hab und Gut an Clemens August für 4000 Taler im Jahre 1751 verpfändet habe. Sicher ist, daß das

Schlößchen das kleinste und bescheidenste Jagdhaus des Kurfürsten war, ein zunächst einfacher viereckiger Bau mit abgewalmtem Satteldach, ohne Turm und Anbauten, wie wir sie heute sehen. Einziger Schmuck waren die Werksteingliederungen der Fenster und Türen. Zwei eingeschossige Seitenflügel waren rechtwinklig dem Hauptflügel angegliedert. Als die französischen Revolutionstruppen mit dem gesamten kurfürstlichen Besitz auch Haus Entenfang konfiszierten, gerieten die Gebäude zusehends in Verfall. Die Soldaten hatten Türen und Fenster herausgebrochen. Drei Jahre später pachtete die Familie Breuer aus Berzdorf das Anwesen und setzte die Gebäude wieder instand. Um 1900 war das Haus erneut im Privatbesitz. Aus dieser Zeit stammen die zahlreichen Anbauten, die Türme, der Treppenaufgang mit Terrasse, die sich recht harmonisch mit den übrigen Gebäuden verbinden. Entenfang ist heute im Besitz der Gemeinde Wesseling und an eine Werbeagentur verpachtet.

Die Schallenburg

Die Schallenburg in Brühl-Schwadorf ist ein gutes Beispiel für die Baugeschichte und Wohnkultur rheinischer Rittersitze. Trotz vieler Umbauten hat sie ihren typischen Charakter einer Wasserburg bewahrt. Das auf eigener Insel errichtete, stolze Herrenhaus bildet einen starken Kontrast zu den dreiwinkligen Gebäuden der Vorburg, die in Holzfachwerk ausgeführt sind. Der Zweiteilung rheinischer Wasseranlagen entsprechend, steht die Vorburg auch auf einer eigenen Insel im Grabensystem.

Der Name Schallenburg führt auf das Rittergeschlecht Schall von Bell zurück, das im 12. Jahrhundert in Schwadorf saß. Die heute erhaltene Anlage stammt aus dem Jahre 1694. Das Herrenhaus gründet im T-förmigen Grundriß auf mächtigen Eichenpfählen. Das stämmige Holz wurde, ständig vom Wasser umspült, zu einem steinharten Fundament für die zweigeschossigen Backsteinfassaden. Diese typische Gründungsweise rheinischer Wasserburgen ist in Zeiten sinkenden Wasserspiegels ein Grund für die Sorge um den Bestand der Anlagen, denn im trockenen oder nur feuchten Erdreich beginnt Holz zu faulen und seine Stabilität zu verlieren. Die beiden runden Ecktürme mit den erst Anfang unseres Jahrhunderts aufgesetzten Laternenhauben geben dem Herrenhaus einen besonderen Reiz. Wo heute ein gepflegter

Die Schallenburg – in Brühl-Schwadorf, Herrensitz der Ritter von Bell im 12. Jahrhundert

Park mit alten Bäumen auf der Nordwestseite den Besucher empfängt, stand ursprünglich die weit größer angelegte Vorburg. Der Wirtschaftshof, zu dem einst mehr als 200 Morgen Land gehörten, verlor jedoch im Laufe der Jahre an Bedeutung. Mehrfache Erbteilungen hatten den Besitz immer stärker verkleinert. Die Vorburg war folglich zu groß für die Bewirtschaftung der geringen Fläche. Daraufhin trug man die Gebäude ab und errichtete auf der gegenüberliegenden Seite des Herrenhauses ein kleineres Fachwerkhufeisen. Beim Bau wurden weitgehend Materialien eingesetzt, die man beim Abriß gewonnen hatte. So sollen die Fensterkreuze beispielsweise aus den alten Dachbalken gewonnen sein. Eine schlichte, kleine Holzbrücke verbindet jetzt das Herrenhaus mit dem Wirtschaftstrakt. Die breite Backsteinbrücke, die früher Hauptburg und Vorburg verband, betont heute die repräsentative Eingangsfront. Den Blickfang der vorderen Fassade des Herrenhauses bildet das elegante Hauptportal mit Rundbogen aus Trachytgestein. Im Inneren des spätgotischen Wohntrakts sind auch noch manche Zeugnisse vergangener Bauepochen erhalten geblieben. Dazu gehören vor allem das barocke Treppenhaus und eine reich verzierte Stuckbalkendecke, die man auch als Kölner Decke bezeichnete.

So malerisch und gemütlich das Anwesen auch auf den Besucher wirkt, die Chronik verrät, daß es nicht immer friedlich um den Besitz zuging. Das Verhältnis zwischen dem Kölner Severinsstift, dem die Herrlichkeit Schwadorf seit dem 12. Jahrhundert gehörte, und der Ritterfamilie Schall von Bell war stets gespannt. Obwohl die Ritter im Kölner Landtag Sitz und Stimme hatten und damit eigentlich zu den freien Ständen gehörten, verlangte das Stift von ihnen Abgaben wie von unfreien Bauern. Es kam zu zahlreichen gerichtlichen Auseinandersetzungen, bei denen allerdings immer das Stift gewann. Da die Rechte an ihrem Sitz mehr und mehr eingeschränkt wurden, verkauften sie schließlich das Anwesen 1788 an einen Bürgerlichen. Bis heute blieb die Anlage im Besitz bürgerlicher Familien.

Schloß Falkenlust

Die Lust an der Beizjagd (Ableitung von „beißen machen"), das Privileg feiner Jagdgesellschaften, ist namensgebend für das kleine Lustschloß am Südostrand von Brühl. Einen Falken für die erfolgreiche Jagd abzurichten, verlangte ein hohes Maß an Ausdauer, Disziplin und Scharfsinn, Eigenschaften, die man von einem Staatsmann oder Fürsten erwartete. Bereits im Orient gehörte die Falkenjagd zu den Leidenschaften der Königs- und Fürstenhäuser. Die waldreichen Sumpfwälder um Brühl boten genügend Haar- und Federwild. Die Jagd war zudem immer ein hoher gesellschaftlicher Anlaß. Einer Einladung des Kurfürsten zu folgen, bot auch die Möglichkeit, Erfahrungen auszutauschen, politische Gespräche zu führen, Geschäfte zu machen und natürlich zu repräsentieren. Das war Grund genug für den Kurfürsten Clemens August, zusätzlich zur Augustusburg Jagdschlösser errichten zu lassen und sich selbst und seinen Gesellschaften eine angemessene Herberge zu bieten. In fünfjähriger Bauzeit, von 1729 bis 1734, entstand so Schloß Falkenlust am Rande des Wildparks, durch eine Allee mit der Hauptanlage Augustusburg ver-

Falkenlust – Kapelle im Park in Nähe des Schlosses, 1740 der hl. Maria Aegyptiaca geweiht, im Stil einer Eremitengrotte gebaut. ▷

bunden. Architekt Cuvilliés und Baumeister Leveilly, beide schon mit dem Schloßbau betraut, schufen den streng symmetrisch ausgerichteten, zweigeschossigen Bau mit den rechts und links flankierenden Flügeln für Jagdbegleitungen und Stallungen. Das Herrenhaus mit fünf Achsen und prächtigem Mansarddach wird von einem Belvedere, einem kleinen Aussichtsturm, gekrönt. Die vornehme Außenarchitektur des Jagdschlosses läßt mit Recht auf den Glanz der Räumlichkeiten schließen. Kostbare Wand- und Deckenverkleidungen, indianische Lackmalerei und kunstvoll gearbeitetes Mobiliar kennzeichnen die üppige Ausstattung, vergleichbar der im Schloß Augustusburg. Künstler und Handwerker aus Frankreich, Italien und Holland wirkten hier in schöpferischer Gemeinsamkeit.

Die französischen Revolutionstruppen, die 1794 den kurstaatlichen Besitz auflösten, überließen Schloß Falkenlust den Bauspekulanten, die sogar einen Abbruch der Gebäude in Betracht zogen. Durch eine Intervention konnte dies jedoch verhindert werden. 1807 erwarben der Graf Karl Friedrich Reinhard und 1832 die Familie Giesler das Schloß. Heute ist das Kleinod rheinischer Baukunst des 18. Jahrhunderts im Besitz des Landes Nordrhein-Westfalen.

Schloß Augustusburg

Schloß Augustusburg zählt zu den bedeutendsten Anlagen im Rheinland und steht mit Brühl in engster Beziehung zur Kölner Geschichte. Brühl, vom fränkischen Namen „brogilo" abstammend, bedeutet Sumpfwald. Damit wird auf die großen, waldreichen Feuchtgebiete hingewiesen, die für die Kölner Erzbischöfe ein hervorragendes Jagdrevier boten. Sie besaßen hier bereits um die Jahrtausendwende ihre Tafelgüter. Im Jahre 1184 gründete Erzbischof Philip von Heinsberg die erste Burg, den Vorgängerbau der heutigen Anlage. Die mittelalterlichen Flußniederungen

◁ *Schloß Falkenlust – zu Zeiten der Kurfürsten Treffpunkt feiner Jagdgesellschaften, heute Gästehaus für Staatsgäste.*

Schloß Augustusburg – Residenz der Kölner Kurfürsten in Brühl, in der Hochblüte des Barock im Stil französischer Paläste errichtet, gilt als einer der schönsten rheinischen Schloßbauten. ▷

waren unberührt von Entwässerungs- und Flußbereinigungsmaßnahmen, wie wir sie heute kennen und reich an Mooren, die auf verschiedene Weise genutzt wurden. Neben dem natürlichen Wasserreservoir boten sie Jagdgründe, Brennstoff aus Torf und Holz. Durch das Sumpfland konnte der Feind auch nicht ungehindert anrücken. Der Grund für die Standortwahl vieler Wasserburgen liegt also nahe. Die Schlacht von Worringen besiegelte 1288 das Schicksal der Erzbischöfe. Die freie Reichsstadt Köln war nach ihrem Sieg über Siegfried von Westerburg bischofsfrei und der Fürst mußte sich nach einjähriger Gefangenschaft bei dem Grafen von Berg in Brühl sein Exil aufschlagen. Von Westerburg begann sofort die Burg in eine Festung zu verwandeln. Ähnlich wie die Landesburg in Lechenich entstand ein mächtiger Bau auf fast quadratischem Grundriß. Alte Abbildungen zeigen die Anlage mit großem Innenhof und stattlichen Wehrtürmen auf allen Seiten. Der Wohntrakt war fest in den Grundriß miteinbezogen. Ein breitangelegtes System von Wassergräben und Teichen schaffte zusätzliche Sicherheit. Bis zum Ende des 17. Jahrhunderts konnte die stolze Burg alle Wirren der Zeit überstehen. 1689 wurde sie dann von den Franzosen, die die Burg im Reunionskrieg Ludwig XIV. besetzt hielten, zerstört. Der Wiederaufbau der Anlage begann erst 1713. Der Wittelsbacher Kurfürst Josef Clemens, aus dem französischen Exil zurück, hatte große Pläne. Die Residenz in Brühl sollte mit dem Bonner Schloß durch eine Allee verbunden werden. Sogar an einen Kanal, der vom Rhein aus auch den Zugang per Schiff ermöglichen sollte, war gedacht worden. Doch zur Ausführung dieser Pläne fehlte offensichtlich das Geld. Erst sein Neffe Clemens August war in der Lage, mit dem Schloßbau in Brühl zu beginnen. Der Neubau fiel in die Hochblüte des Barock. Die ehemaligen Trutzburgen hatten mit der Schwarzpulvererfindung ihren Sinn verloren. Die französischen Paläste wurden zum Vorbild für eine große Zahl von rheinischen Schlössern. Barockbauten erwekken bei aller Grandiosität des Gesamteindrucks oft das Gefühl des Überschwenglichen, Überladenen. Eine Erklärung findet sich bestimmt in den Repräsentationssüchten unserer fürstlichen Vorfahren. Andererseits muß man ihnen gerade heute, in einer Zeit, in der Architektur mehr den Sachzwängen als dem guten Stil gehorchen muß, Bewunderung und Anerkennung zollen. Liebe zum Detail, die Formschönheit der Grundrisse, Bauelemente, Figuren und Gärten zeugen von einem Streben nach ab-

Treppenhaus im Schloß Augustusburg

soluter Harmonie und Ästhetik. Mit welcher Geschwindigkeit auch ohne technische Hilfsmittel gebaut werden konnte, zeigt die kurze Fertigstellungszeit. Bereits drei Jahre nach der Grundsteinlegung war im Jahre 1725 der Rohbau fertig. Da die ursprünglichen Pläne mangels Geld zusammengestrichen werden mußten, entstand das Schloß unter dem westfälischen Baumeister Conrad Schlaun mit drei Flügeln auf den Grundmauern der alten Anlage. Für die beachtliche Größe wirkt daher der Bau auch etwas gedrungen. Türme und Wassergraben unterstrichen nur noch den Symbolwert und den repräsentativen Zweck. Schlauns Ideen fanden beim Bauherrn jedoch kein positives Echo. Deshalb berief man die französischen Architekten François Cuvilliés und Michael Leveilly an den Hof. Sie ließen die Türme wieder schleifen und wandelten Wall und Graben in Terrassen um. Neben den Franzosen leisteten auch deutsche Meister ihren Beitrag. Peter Joseph Lenné schuf den ausgedehnten eleganten Landschaftspark. Der Innenausbau mit seinen wertvollen Malereien und Jagdmotiven und das berühmte Treppenhaus des Balthasar Neumann gelten als Glanzstücke deutscher Baukunst.

Der soziale Hintergrund in Europa macht verständlich, daß die Überschwenglichkeit dieses Glanzes schnell zu Ende gehen mußte. Nicht einmal dreißig Jahre nach der Fertigstellung währte die kurfürstliche Residenz. Im Jahr 1798 setzten französische Revolutionstruppen der Prachtentfaltung ein Ende. Mit der folgenden Säkularisierung erlosch der bisherige Glanz. Dem Besuch der englischen Königin Viktoria ist es zu verdanken, daß 1842 die Preußen mit einer Restauration begannen. Schließlich hatte man zu allen Zeiten Repräsentationsbedarf. In den Folgejahren hielt vor allem Wilhelm III. seine kaiserlichen Empfänge auf dem Schloß ab. Aber auch heute ist Schloß Augustusburg wieder offizieller Empfangsort der Bundesrepublik für ihre Staatsgäste.

Tourenvorschlag

9

Zu den Wasserburgen von Hürth

Fahrtstrecke:
Auf Schleichwegen geht's durch die Innenstadt, Richtung Volksgarten und weiter südwestlich zum Militärring. Durch den Grüngürtel radeln wir zur Berrenrather Straße und dann weiter südwestlich zur *Burg Efferen.* Unser nächstes Ziel, die *Wasserburg Gleuel,* erreichen wir über gut ausgebaute Landstraßen. Wir fahren weiter Richtung Berrenrath zur *Burg Schallmauer.* Auf dem Weg zur *Wasserburg Kendenich* genießen wir einen herrlichen Blick auf das im Tal liegende Köln und von Kendenich aus ins Rheintal bis zum Siebengebirge.

Tourenlänge: ca. 28 km

Tips zur Rast
Rast im Burggarten: Burg Gleuel bietet in ihrem Garten einen reizvollen Rastplatz. Vor der zweiten Etappenhälfte kann man zwischen Blumenrabatten auf bequemen Bänken ausruhen und dabei den Blick auf die herrliche Burgfassade genießen.

Burg Efferen

Schon von weitem erkennt man das Wahrzeichen von Efferen, die barocke Haube vom Torturm der Burg. Erste geschichtliche Bedeutung gewinnt die Anlage, deren Entstehung man im frühen 13. Jahrhundert vermutet, in der Folge der Schlacht bei Worringen von 1288. Der Kölner Erzbischof hatte durch seine Niederlage die städtische Residenz für sich und seine Nachfolger verloren und versuchte über Jahre hin, seine Macht zurückzuerobern. Von der Landesburg in Brühl und der Frechener Burg Bachem aus bedrohten die Kurfürsten die freigewordene Reichsstadt. Da bauten die Kölner die Efferener Burg aus und befestigten sie zusätzlich mit vier Ecktürmen, von denen heute noch der Torturm mit der im 17. Jahrhundert aufgesetzten Barockhaube erhalten ist. Ein Teil des Stadtregiments zog zum Schutz in die Burg ein. Ein Wassergrabensystem ergänzte die Wehrkraft der Anlage. Nur über eine Zugbrücke, deren Anschlag noch am Torturm zu erkennen ist, gelangte man ins Burginnere.

Im 14. Jahrhundert saßen auf Efferen die berühmten Stadtadligen Overstolz. Sie waren Lehnsleute des Stifts Maria im Capitol. Die Vogtrechte oblagen dem Herzog von Jülich. Den Overstolzen folgte eine Reihe wechselnder Kölner Adelsfamilien. Erst

Burg Efferen – Herrenhaus aus dem Jahr 1769 mit repräsentativer Schaufassade.

Burg Efferen –
Der Torturm mit der etwas schiefen Haube
ist das Wahrzeichen von Efferen.
Zeichnung: L. Arntz, Straßburger Dombaumeister

aus dem Jahr 1769 erfährt man etwas Genaues über die Baugeschichte. Der Freiherr Franz von Bourscheidt, dessen luxemburgischen Namen wir oft in der rheinischen Burgengeschichte finden, läßt das repräsentative Herrenhaus errichten. Zwei Geschosse wird es hoch, und über den sieben Fensterreihen erhebt sich ein hohes Mansarddach. Zur Straße hin zeigt sich die Schaufassade mit einem Mittelrisalit, dessen Spitzgiebel mit dem Familienwappen der von Bourscheidt' bis ins Dach reicht. Ein Rokokobalkon betont die elegante Fassade. Das Herrenhaus ist mit den einfachen Flügeln der Vorburg, die einen rechtwinkligen Hof umschließen, auf den mittelalterlichen Fundamenten errichtet. Die Vermutung, der vormittelalterliche Bau sei römischen Ursprungs, konnte bisher nicht bestätigt werden. Bleibt eher die Erklärung, daß Steine aus der römischen Wasserleitung, die aus der Eifel nach Köln führte, zum Bau der Burg mitverwandt wurden.

Bis 1894 war Burg Efferen im Besitz der Familie von Fürstenberg-Stammheim, ab dann gelangte sie an Bürgerliche.

Burg Gleuel

Der malerische Landschaftspark im Ortsmittelpunkt von Gleuel gibt mit dem alten Baumbestand und den bunten Blumenrabatten der Burg einen beschaulichen Rahmen. Der Gleueler Bach durchquert das Gelände und füllt den Wassergraben der Anlage. Umfangreiche Renovierungsarbeiten der jüngsten Zeit an Gebäuden und dem Park geben dem im englischen Landhausstil gehaltenen Herrensitz wieder alten Glanz zurück.

Bereits im fränkischen Zeitalter, um das Jahr 900, saßen hier Gleueler Ritter als Lehnsmannen eines Essener Damenstifts auf einem befestigten Hof. Später, im Jahre 1260, ging das Anwesen auf die Kölner Dompropstei über. Die Gleueler Ritter nahmen aktiv am politischen Leben Kölns teil. Gerald von Gluele wehrte sich in Koalition mit den Kölner Bürgern gegen die Herrschsucht des Erzbischofs Konrad von Hochstaden. Es war eine Zeit, in der Köln eine wirtschaftliche Hochblüte erlebte. Die Patrizierfamilien hatten durch den Handel immensen Reichtum erworben. Die Handwerker bildeten in ihren Zünften und Gaffeln neben dem Stadtadel eine zweite Macht. Beide wehrten sich in zuneh-

Burg Gleuel –
Die Geschichte der Anlage reicht bis ins 9. Jahrhundert.

mendem Maße gegen die Allmacht der Bischöfe. Die sich mehr und mehr zuspitzende Krise erlebte ihren Höhepunkt in der Schlacht von Worringen. Nach dem Sieg der Kölner Bürger über Erzbischof Siegfried von Westerburg wurde Köln zur freien Reichsstadt proklamiert. Die geistlichen Fürsten mußten zukünftig außerhalb der Stadt residieren. Lediglich das höchste Richteramt war ihnen verblieben. Die Nachfolger von Westerburgs waren nicht minder herrsch- und streitsüchtig. Dazu verschlang die protzige Hofhaltung ungeheure Gelder. Im Kampf gegen die Erzbischöfe führten Gleueler Ritter die kölnische Stadtgarde an. Aus ihren Reihen stammten auch mehrere Bürgermeister Kölns. Als der Familie Mitte des 16. Jahrhunderts die männliche Nachkommenschaft ausblieb, übernahm der Ritter Schall von Bell die Geschicke der Burg.

Mit der Familie des Kölner Ratsherren Johann von Cölln, dem Nachfolger von Bells, begann 80 Jahre später die Baugeschichte der heute noch erhaltenen Anlage. Das Herrenhaus mit den schmucken Schweifgiebeln stand ursprünglich auf einer eigenen Insel. Um Platz auf dem Hof zu gewinnen, hat man später den Wassergraben zwischen Hauptburg und Vorburg zugeschüttet. Eine schmale Brücke verbindet den Park mit dem Eingang auf der Giebelseite des Herrenhauses. Der zweigeschossige Bau steht mit zwei rechtwinklig angeordneten Flügeln auf einem hohen Sockel. Die Flügel haben trotz ihrer Verbindung ein unterschiedliches Geschoßniveau, und auch die Dächer unterscheiden sich stark in ihrer Form. Die Innenausstattung des Hauses ist reich an kunsthandwerklichen Arbeiten des 17. und 18. Jahrhunderts. Wandmalereien, stuckierte Holzdecken und ein aus Eichenholz getäfeltes Treppenhaus unterstreichen den repräsentativen Charakter des Landsitzes.

Ein Spaziergang auf dem Rundweg um die Gebäude führt im Nordosten zum eigentlichen Haupteingang. Zwei Marmorlöwen bewachen auf der Brüstung der Steinbrücke über dem Wassergraben die Torzufahrt. Dahinter öffnet sich der Innenhof mit den Vorburggebäuden, die teilweise in Holzfachwerk ausgeführt sind. Sie stammen aus dem 18. und 19. Jahrhundert. Im Zuge der Säkularisation gelangte der Besitz 1802 an die Familie Felten, die kurz nach der Jahrhundertwende das Anwesen der Familie Berk verkaufte. 1969 erwarb es die Gemeinde Hürth, die aber schon 1976 den Besitz wieder in private Hände gab. Der neue Eigentümer brachte die Anlage wieder in einen ansehnlichen Zustand.

Burg Schallmauer

Burg Schallmauer, am unteren Dorfrand von Neu-Berrenrath, blieb als Erinnerung an den alten Ortsteil, der der Braunkohle zum Opfer fiel, von den Baggern verschont. Das schlichte vierek-kige Burghaus ist benannt nach dem einst hier gelegenen Schall-Moor und dem Rittergeschlecht Schall von Bell, das 1550 auf der nahegelegenen Burg Gleuel saß. Schallmauer war die Landkreis-residenz der Kölner Dompröpste, die gerne auf dem Lehen des Domstiftes in den Sommermonaten die reizvolle Landschaft ge-nossen.

Niederländische Truppen brannten 1673 die Burg nieder und begruben damit auch ein Stück Baugeschichte, die heute keine Erkenntnis mehr über das frühere Aussehen der Anlage aus dem 16. Jahrhundert zuläßt. Da die Domkapitulare auf ihr Sommerhaus jedoch nicht verzichten wollten, andererseits Geld-ausgaben scheuten, belehnten sie die Brüder Christian-Friedrich und Johann von Geyr, beides Kölner Domherren, mit dem frei-adeligen Sitz. Ihr Neffe, Adolf von Geyr, ließ 1714 die Anlage neu

Burg Schallmauer – in Berrenrath, ehemals Landresidenz der Kölner Dompröpste.

errichten. Ihm verdanken wir das heute noch erhaltene barocke dreigeschossige Herrenhaus im französischen Landhausstil. Die werksteingefaßten Fenster und das stattliche Walmdach betonen den malerischen Reiz des Gebäudes. Die Architektur ähnelt der späteren „Maison de Plaisance“ und wird den Plänen des Bonner Hofbaumeisters Leveilly, vom Hofe des Kurfürsten Josef Clemens, zugeschrieben. Zu einem besonderen Anziehungspunkt wurde die Burg, die von einem weiten Landschaftspark umgeben war, auch durch die Entdeckung einer Heilquelle, der Maximilianquelle. Der kleine Heilsborn, heute längst versiegt, war nach dem Kurfürsten Maximilian Heinrich benannt, der das Wasser des Gesundbrunnens für köstlich befand. Ein Gelehrter namens Dr. Heiß bestätigte 1799 die heilenden Kräfte in einem Gutachten.

Auch in den Folgejahren blieb der häufig wechselnde Besitz in Händen von Adelsfamilien, die dem Kölner Domkapitular nahestanden. Mit dem Abbau der Kohle verschwanden auch leider die Charakterzüge der Anlage. Das Herrenhaus war der ursprünglich auf eigener Insel stehende Mittelpunkt einer Wasserburg mit nach Norden gerichteter, hufeisenförmiger Vorburg mit breitem Innenhof. Haupthaus und Hof verband eine Backsteinbrücke miteinander. Die Rheinbraun AG, die 1930 das Gelände in Besitz nahm, nutzte das isolierte Herrenhaus eine Zeitlang als Mietunterkunft, bevor es 1978 durch Kauf an die Unternehmer Scheuer überging. Die Familie richtete mit viel Initiative die stark angegriffene Substanz wieder her.

Burg Kendenich

Von der leichten Anhöhe des Vorgebirges gleitet der Blick in die Rheinebene, über die langgestreckten Felder, nach Köln, bis ins Bergische Land und südlich bis ins Siebengebirge. Nicht einmal der Anblick der dazwischen angesiedelten Industrielandschaft mit ihren Hallen und rauchenden Schloten kann die vorzügliche Aussicht stören. Das schöne Panorama wird schon der Römer Cantinius genossen haben, der in seiner Villa auf dem Hochplateau, an der Stelle der heutigen Burg Kendenich residiert haben muß. Von Cantinius über Cantinich zu Kendenich – so soll sich die Namensgebung von Burg und Ort vollzogen haben. Die urkundlich gesicherte Chronik von Kendenich beginnt im Jahr 941, als der Kölner Erzbischof Wichfried seinen Besitz dem Kölner

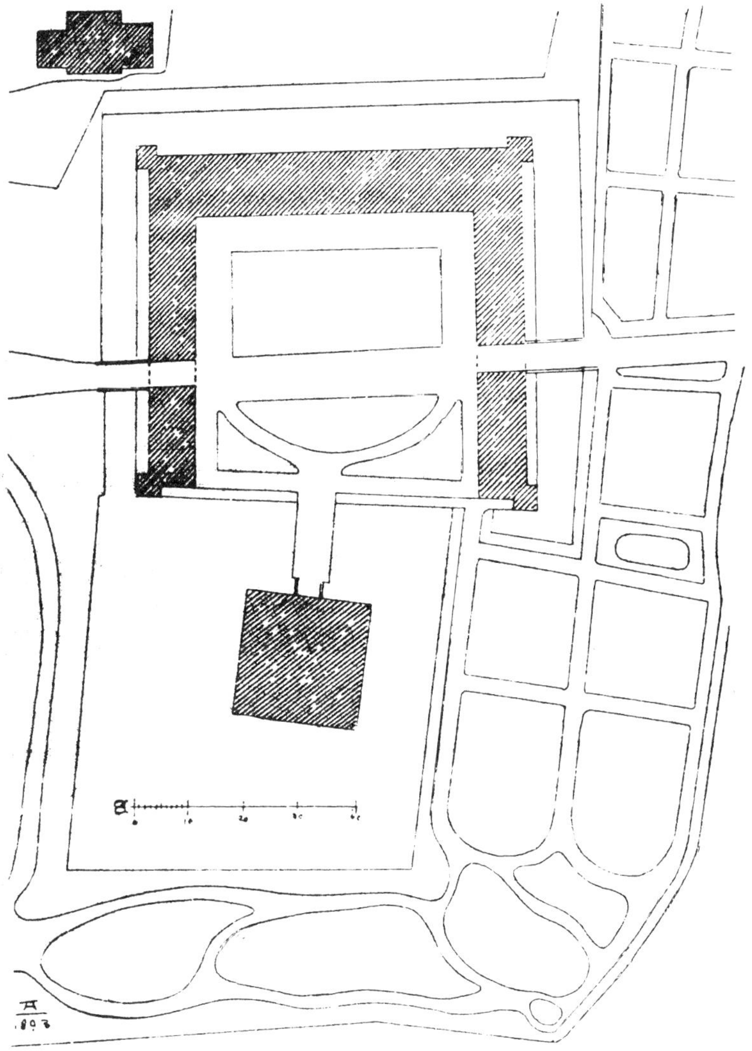

Burg Kendenich – Der Grundriß zeigt die weitläufige Vorburg, die durch eine Brücke mit dem quadratischen Herrenhaus auf eigener Insel verbunden ist.
Zeichnung: L. Arntz

Burg Kendenich – Nach vollständiger Renovierung zeigt sich die Anlage in neuem Glanz. ▷

Stift St. Ursula schenkt. Seit dem 13. Jahrhundert belehnt das Stift die Ritter von Kendenich. Die Burg, deren frühes Aussehen unbekannt ist, wechselt im Laufe des Mittelalters mehrfach seine Besitzer. Dazu gehören Familien wie die Walraven und die von Orsbeck, Namen, die eng mit Köln in Verbindung stehen. Ab 1660 wird die Baugeschichte klarer. Johann Sigismund Raitz von Frentz läßt in nur vierjähriger Bauzeit das heute noch erhaltene Herrenhaus errichten. Die Vorburg entsteht erst in den darauffolgenden Jahren in mehreren Bauabschnitten von 1667 bis ins späte 18. Jahrhundert. 1766 übernimmt der Kölner Bürgermeister Jakob Gabriel von Groote den Besitz. Unter ihm vollzieht sich die Vollendung der heutigen Anlage. In einem Landauer fährt er täglich zu seinen Amtsgeschäften nach Köln. Sein Wappen mit den Löwen ist im Giebelfeld des Osttores, am Eingang zur Vorburg, noch zu erkennen. Bis in die 60er Jahre unseres Jahrhunderts bleibt Kendenich die „Residenz" der von Grootes.

Von herausragender Dominanz ist das mächtige, fast quadratische Herrenhaus. Über den drei Geschossen erhebt sich ein hohes, geschwungenes Zeltdach, das mit einem Zwiebelturm abschließt. Eine Bogenbrücke mit Steinbalustraden, früher eine Holzzugbrücke, verbindet das Herrenhaus mit der Vorburg. Beide stehen, typisch für die Zweiteilung rheinischer Burgen, auf einer eigenen Insel im Wassergrabensystem. Die Vorburg bildet mit ihren drei Flügeln zum Herrenhaus hin ein Hufeisen und umschließt den großen Innenhof. Vier Ecktürme mit Zwiebelhaube korrespondieren mit der Haube der Hauptburg. Ein kleiner Park umrahmt den malerischen Herrensitz, dessen Renovierung 1981/82 abgeschlossen wurde. Die Anlage war in den vergangenen Jahren vor allem durch Kriegsschäden zusehends in Verfall geraten. Der letzte Erbe aus der Familie von Groote/Kempis verkaufte sie 1964 an die Stadt Hürth, die aus Geldnot auch keine Renovierung in Gang setzen konnte. Der Privatinitiative des Burgenliebhabers und Bauunternehmers Hillebrand ist es schließlich zu verdanken, daß die Bausubstanz grundlegend erneuert wurde und die Burg wieder in ihrem alten Glanz erscheint. Herrenhaus und Vorburg sind heute nach der Renovierung zu Wohnzwecken vermietet.

Tourenvorschlag

10

Zu den Wasserburgen von Frechen

Fahrtstrecke:
Vom Dom aus führt der Weg durch die Innenstadt, am Gürzenich vorbei Richtung Aachener Weiher. Von dort aus radeln wir zum Stadtwald, nach Junkersdorf, am Statthalterhof vorbei und erreichen bald, nach einem kurzen Stück Dürener Straße, unser erstes Fahrtziel, die Wasserburg *Haus Vorst.* Über Wohnstraßen geht's weiter durch Frechen zum kleinen Rittersitz *Haus Bitz.* Ganz in der Nähe liegt dann auch die prächtige *Wasserburg Bachem.*

Tourenlänge: ca. 26 km hin und zurück

Tips zur Rast
Aachener Weiher, Stadtwald, Villewald warten mit reichlich Platz für Erholung auf. Kinder und Erwachsene erfreuen sich gleichermaßen an den vielen Wasservögeln. Enten schnappen gerne nach den Brotkrumen oder einem Apfelstückchen aus dem Picknickkorb.

Haus Vorst

Am Schnittpunkt der linksrheinischen Autobahn und der Bundesstraße 264 nach Köln liegt, vom Lärm umtost, Haus Vorst. Die Wasserburg versteckt sich, vom Grabensystem geschützt, im dichten Grün alter Parkbäume. Ihre wechselvolle Geschichte steht sinnbildlich für alle anderen Frechener Burgen. Die Nähe Kölns bedeutete auch Auseinandersetzung mit den Mächten der Stadt. Insgesamt dreimal wurde der Rittersitz zerstört und wiederaufgebaut und ist so als wertvolles Denkmal rheinischer Wasserbauten erhalten geblieben.

Kernstück der Anlage bildet der kleine barocke Schloßbau aus dem 18. Jahrhundert, flankiert von zwei gleichaltrigen Remisen. Die Architektur findet Anlehnung an den Stil der kurkölnischen Meister Cuvilliés und Leveilly. Ursprünglich stand das Herrenhaus mit den Flankierbauten auf einer eigenen Insel, vom Wasser umwehrt. Aus praktischen Gründen wird man später den Typus der Zweiteiligkeit aufgegeben haben. Ein deutlicher Mittelrisalit mit zahlreichen Werksteingliederungen aus Trachytgestein, das immer wieder zum Burgenbau verwandt wurde, betont die Schaufassade zur Hofseite. Prächtige Kamine, kunstvolle Holzarbeiten und eine Gemäldesammlung bereichern die Innenausstattung des Hauses. Das klassische Hufeisen der Vorburg mit breitem Hof ist nur noch durch neuere unregelmäßige Bauten angedeutet.

Erster urkundlich aufgeführter Besitzer war 1270 ein Adolf von Vorst. Er war Lehnsmann des begüterten Kölner Erzstifts und nahm am Kölnischen Landtag teil. Es muß eine starke Familie gewesen sein, die sich bis Ende des 15. Jahrhunderts dreimal das Haus niederreißen ließ und sich immer wieder mit einem neuen Bau behauptete. Bereits 1292 verlor Heinrich, der Sohn Adolfs von Vorst, in einem Streit gegen Köln und mußte auf Befehl des Königs seine eigenen Mauern schleifen. Die mächtig gewordene Handelsstadt Köln duldete in unmittelbarer Nähe keine Festungsanlage. Dem Sohn Heinrich von Vorsts erging es ähnlich. Unter dem Zwang der Kölner mußte er eine neuerrichtete Torburg wieder abreißen. Sein Enkel verbündete sich

Haus Vorst, Frechen – Herrenhaus aus dem 18. Jahrhundert. Die Anlage verbindet eine enge und wechselvolle Geschichte mit der Stadt Köln.

schließlich mit dem Kölner Erzbischof gegen die Stadt. Daraufhin rückte die Stadtgarde an und setzte der Burg zum dritten Mal ein Ende. Die Gebäude wurden in Brand gesetzt und der Burgherr gefangengenommen. Eine ab 1528 oft wechselnde Reihe von Besitzern endet mit dem Namen von Fürstenberg-Stammheim, in deren Familienbesitz die Burg heute noch ist.

Haus Bitz

Im Frühjahr und Sommer, wenn das Grün der mächtigen Baumkronen an der Eingangsfront das Haus Bitz in Schatten hüllen, kann man den kleinen Herrensitz fast übersehen. Doch ein Blick in den tiefen, längst ausgetrockneten Wassergraben zeigt deut-

Haus Bitz, Frechen

lich, welche Ausmaße die ehemalige Anlage hatte. Die preußische Karte von Müffling von 1803–1820 weist Haus Bitz als eine Anlage mit Remisen, Stallungen und Gesindehäusern aus. Auch zwei Grabensysteme, die die Anlage umschlossen, sind noch zu erkennen. Andere Urkunden bezeugen großzügige Gartenanlagen und einen gepflasterten Innenhof. Zwei kleine Wachtürme mit Mansarddächern, von denen eines noch erhalten ist, flankieren den Eingang zum Hof. Nur über eine Zugbrücke an der Ostseite hatte man früher Zugang zu den Gebäuden. Der Zweite Weltkrieg ließ neben Mauerresten der Vorburg nur das Herrenhaus nebst Wachtturm und einen zweigeschossigen Backsteinbau übrig, der zwischen Hof und Herrenhaus plaziert ist. Er gilt als ältester Teil der Gebäude.

…schmucker Landsitz des Kölner Stadtadels

Das Herrenhaus selbst ist ein schmucker Barockbau aus dem 17. Jahrhundert, mit zwei Geschossen, fünf Achsen und einem Mansarddach. Fenster und Portal sind mit Trachyt aus dem Drachenfels gefaßt und bilden einen harmonischen Kontrast zu dem natürlichen Rot der Feldbrandsteine.

Die Geschichte des Hauses steht in enger Verbindung zur Burg Bachem. Als jülisches Unterlehen, in direkter Nähe zum Herrschaftsgebiet der Kölner Erzbischöfe, war es Grund für manche Streitigkeiten. Erste Urkunden bezeugen das Rittergeschlecht von Hochsteden im 15. Jahrhundert. Doch schon vor dieser Zeit vermutet man hier eine Burg, die den Charakter einer Hoffeste gehabt haben muß. Den von Hochsteden folgten im 16. Jahrhundert die protestantische Familie von Palant und im 17. Jahrhundert die Ritter von Bachem und von Hemberg. Dann erwarb im Jahre 1675 Philipp von Heyringen Haus Bitz. Ihn beerbte der Ritter von Wobeser, der das Anwesen 1743 an den bürgerlichen Kaufmann Nierstrass verkaufte. Der Kölner mußte sich erst einmal mit dem Freiherrn von Geldern, der auf Bachem saß, auseinandersetzen. Viele kleinere Häuser, die im Schatten größerer Burgen lagen, hatten es schwer, ihren Status als „freiadeligen Sitz“ zu verteidigen. Denn dieses begehrte Privileg verschaffte seinem Besitzer Freiheit von Abgaben und Steuern. Kein Wunder, daß sich auch reiche Bürger ohne Adelstitel bemühten, solche Vorteile zu erlangen. Ein angestrengter Rechtsstreit endete für Haus Bitz mit einem Vergleich. Danach mußten für die Ländereien Steuern gezahlt werden, und nur das Hofinnere blieb von Abgaben frei. 1785 erwarb die Familie von Fürstenberg den Besitz und behielt ihn bis ins „Dritte Reich“. 1940 wurde die Stadt Frechen, die eine Bleibe für den damaligen Arbeitsdienst suchte, neuer Eigentümer. Nach dem Krieg wurde Haus Bitz zu Wohnzwecken genutzt. Im älteren Nebengebäude ist ein Künstlerehepaar eingezogen. Eine grundlegende Renovierung des etwas heruntergekommenen Herrenhauses steht unmittelbar bevor.

Burg Bachem

Am Hang des Villewaldes, eingebettet zwischen Wiesen, Äckern und Obstgärten, liegt die prächtige Wasserburg Bachem. Sie ist eine von ehemals neun Burgen, die auf dem heutigen Stadtgebiet von Frechen ihren Platz hatten. Nur drei Anlagen – Burg Ba-

Herrenhaus der Wasserburg Bachem
Zeichnung: L. Arntz

chem, Haus Bitz und Haus Vorst – haben die Wirren der Zeit überstanden und zeigen sich noch heute in gepflegtem Zustand.

Ausgrabungen aus jüngster Zeit, die die Fundamente eines Wohnturmes aus der Staufferzeit zutage brachten, bestätigen das hohe Alter des Rittersitzes Bachem. Erste Urkunden aus dem Jahre 1178 benennen die Ritter Daniel und Anton von Bachem. Die Namen der Burgherren und ihres Besitzers sind sicher die Ableitung des aus der Ville ins Tal fließenden Baches, der noch heute die Teiche und das Grabensystem der Anlage füllt. Bis zum Jahr 1420 war das Anwesen nachweislich in Händen der Edelleute. Dann heiratete Irmgard von Bachem in die Familie von Palant ein. In der folgenden Zeit wechselte der Besitz durch Heirat und Erbteilung häufiger. 1583 entbrannte der Truchsessische Krieg. Der kölnische Kurfürst Gebhard Truchseß von Waldburg war zum Protestantismus übergetreten und kämpfte nun gegen

Burg Bachem, Frechen –
Die Chronik der malerischen Wasserburg am Rande des Ville-Waldes. Führt bis in die Zeit der Staufer zurück. ▷

seine Absetzung. Im Zuge der Auseinandersetzung wurde die Burg geplündert und schließlich zerstört. Bachem, seit 1326 Lehnsgut und Offenhaus (Zufluchtstätte des Lehnsherrn im Kriegsfall) der Grafen von Jülich, war den Kölnern und ihrem Erzbischof ein Dorn im Auge. Erst 1648, nach dem verheerenden 30jährigen Krieg, in dem die evangelischen Reichsstände sich gegen die katholischen Fürsten auflehnten, nahm die Familie von Waldeck die Bauarbeiten wieder auf. 1705/06 sind dann die heutigen Gebäude, die zweiflügelige Hauptburg und 1786 die der Vorburg unter der Familie von Geldern, die von 1714 bis 1831 in Bachem saß, entstanden. Davon zeugt die Inschrift an der Vorburg. 1836 begann eine weitere Bauphase unter dem Grafen von Fürstenberg-Stammheim, dem insbesondere die wertvolle Innenausstattung mit reich verzierten Eichentreppen und stuckierten Holzdecken zu verdanken ist. Von 1908 an war die Burg unbewohnt und verfiel zusehends. Kaspar Freiherr von Fürstenberg setzte erst 1970 eine völlige Renovierung des Anwesens in Gang.

Quellenangaben und empfohlene Literatur zum Thema

Paul Clemen: Die Kunstdenkmäler der Rheinprovinz, VII. Band, 3. u. 4. Abteilung (Landkreis Köln, Köln-Mülheim, Stadt Köln), Düsseldorf ab 1906ff.

Georg Dehio: Handbuch der deutschen Kunstdenkmäler – Nordrhein-Westfalen Bd. I: Rheinland. Berlin 1977

Alexander Duncker (Hrsg.): Rheinlands Schlösser und Burgen, Band I und II. Neuhrsg. Düsseldorf 1981

Willehad Paul Eckert: Köln (DuMont Kunst-Reiseführer), 4. Aufl. Köln 1979

Roland Günter: Kunstwanderungen Rheinland. Stuttgart 1977

Joh. Jakob Hässlin und Walter Wegener (90 Zeichnungen), Wanderungen durch das alte Köln. Köln 1955

Heimatverein Porz (Hrsg.): Rechtsrheinisches Köln, Bd. 3, 1974

Heimatverein Porz (Hrsg.): Unser Porz, Beiträge zur Geschichte von Amt u. Stadt Porz, H. 16, 1974

Hans Kisky: Schlösser und Herrensitze im Rheinland. Frankfurt/M. 1960

Köln. Reclams Kunstführer (Hrsg. Hiltrud Kier). Stuttgart 1980

Karl E. Krämer: Von Burg zu Burg zwischen Köln und Siegen. Duisburg 1981

Henriette Meynen: Wasserburgen, Schlösser und Landsitze im Erftkreis. Köln 1979

Herbert Rode: Kunstführer Köln. Führer zum alten und neuen Köln. 5. Aufl. 1975

Werner Ross, Walter Först u. a.: Der Rhein. Porträt einer europäischen Stromlandschaft (ein Imago Bildband). Freiburg 1974

Maria Schmidt, Gebhard Aders, Heiko Steuer: Das Museum im Zündorfer Wehrturm. (Hrsg. Museen der Stadt Köln) Köln 1980

Helmut Signon: Köln macht Geschichte. Frankfurt 1977

Helmut Signon: Alle Straßen führen durch Köln. 2. Aufl. Köln 1982

Rudolf Spiegel: Erinnerungen an das alte Köln. Köln 1979

Karl Sturm: Erwanderte Heimat. Köln 1953

Burgen- u. Ortsregister

Köln entdecken: Band 1

Hiltrud Kier
Die großen romanischen Kirchen

Der 2. Weltkrieg hinterließ von den berühmten 12 romanischen Kirchen in der Kölner Altstadt nur noch traurige Ruinen. 40 Jahre nach Kriegsende erst ist der Wiederaufbau weitestgehend abgeschlossen, und die Kirchen zeigen sich erneut in ihrer strengen Schönheit. Die Autorin hat als Kölner Stadtkonservatorin erheblichen Anteil nicht nur an der endgültigen Restaurierung, sondern auch an der Wiederbesinnung auf die in Europa einmalige Ansammlung romanischer Kirchenbauten. Mit diesem Buch schließt sie an ihre unzähligen Führungen an, in denen sie es auf unnachahmliche Weise versteht, lebendig und anschaulich, manchmal geradezu spannend aber immer wissenschaftlich untermauert, selbst komplizierte Architektur- und Kunstzusammenhänge einem breiten Publikum nahe zu bringen.

---

256 Seiten mit 23 Farb- und 87 Schwarzweißabbildungen sowie 42 Plänen, gebunden

Köln entdecken: Band 3

Jörg Baumgarten / Helmut Buchen
Kölner Reliquienschreine

Beredter Ausdruck für Glanz, Größe und Reichtum des ›Heiligen Köln‹ im Mittelalter waren seine mehr als 150 Kirchen. Deren größter ›Schatz‹ waren und sind heute noch die Reliquienschreine. Insgesamt 16 dieser kostbaren Gehäuse für die sterblichen Überreste von Heiligen und Märtyrern beherbergen die Kirchen dieser Stadt, wobei der Schrein der Heiligen Drei Könige im Dom als der bekannteste wie auch in jeder Hinsicht wertvollste gilt. Uns Heutigen fehlt häufig der Sinn sowohl für die religiöse Bedeutung und Verehrung als auch für die Motivation der Stifter der Schreine und das in Edelmetall getriebene und mit wertvollen Steinen geschmückte Bildprogramm. Die Autoren erläutern durch z. T. noch nie gezeigte detailreiche Bildfolgen und anschaulich geschriebene Texte die religiösen, historischen, künstlerischen wie auch die handwerklichen Aspekte.

---

172 Seiten mit 120 Abbildungen, meist farbig, gebunden

Notizen

Notizen